T0283102

Los principios de la prosperidad

JOEL FOTINOS

Los principios
de la prosperidad

Piensa y actúa como un millonario

EDICIONES OBELISCO

Si este libro le ha interesado y desea que le mantengamos informado
de nuestras publicaciones, escríbanos indicándonos qué temas son de su interés
(Astrología, Autoayuda, Ciencias Ocultas, Artes Marciales, Naturismo, Espiritualidad,
Tradición…) y gustosamente le complaceremos.

Puede consultar nuestro catálogo en www.edicionesobelisco.com

Colección Nueva conciencia
LOS PRINCIPIOS DE LA PROSPERIDAD
Joel Fotinos

1.ª edición: febrero de 2022

Título original: *The Prosperity Principles*

Traducción: *Jordi Font*
Maquetación: *Marga Benavides*
Corrección: *M.ª Ángeles Olivera*
Diseño de cubierta: *TsEdi, Teleservicios Editoriales, S. L.*

© 2020, Joel Fotinos
(Reservados todos los derechos)
© 2022, Ediciones Obelisco, S. L.
(Reservados los derechos para la presente edición)

Edita: Ediciones Obelisco, S. L.
Collita, 23-25 Pol. Ind. Molí de la Bastida
08191 Rubí - Barcelona - España
Tel. 93 309 85 25
E-mail: info@edicionesobelisco.com

ISBN: 978-84-9111-815-2
Depósito Legal: B-1.351-2022

Impreso en los talleres gráficos de Romanyà/Valls S. A.
Verdaguer, 1 - 08786 Capellades - Barcelona

Printed in Spain

A Alan y a Raphi, que enriquecen
mi vida en todos los sentidos.

Siempre hay muchas personas que ayudan a hacer realidad un libro. Muchas de las que trabajan más duro están en la editorial. Así pues, quiero dar las gracias encarecidamente a Greg Brandenburgh, Christine LeBlond y *a todo el mundo* en Hampton Roads. Gracias también a mi familia por su apoyo en la creación de este libro. Y un enorme agradecimiento a los profesores que he tenido a lo largo de mi vida por la educación y la inspiración.

Éste es un libro
que te ayudará a adquirir
la mentalidad necesaria
para la riqueza.

INTRODUCCIÓN

¿No es el momento?

Éste no es un libro sobre dinero. No es un libro sobre finanzas, dónde invertir o cómo ganar en el mercado de valores. Hay libros que tratan estos temas, pero éste no es uno de ellos. Este libro podría ser más importante. Es un libro que te ayudará a adquirir una mentalidad de riqueza. Gira en torno a crear una forma de vida en la que no estés controlado por el miedo, la inercia o la pobreza, y, en su lugar, te sientas motivado por una acción creativa y positiva y una mente abierta preparada para recibir. Después de todo, ¿de qué sirve la riqueza si consideras que no puedes conseguirla? Según la investigación que he llevado a cabo a lo largo de los años, los millonarios que se han hecho a sí mismos piensan y actúan de determinadas formas que maximizan su capacidad tanto para crear como para recibir prosperidad.

Piensa y actúa como un millonario

Los millonarios que se han hecho a sí mismos piensan y actúan de determinadas formas. He observado que los millonarios hechos a sí mismos:

- Son positivos.
- Son curiosos.
- Utilizan la imaginación.
- Tienen una mentalidad inquebrantable.
- Convierten en fortalezas las derrotas, los fracasos y las debilidades.
- Toman decisiones rápidas (pero están dispuestos a cambiar de opinión si es necesario).
- Creen que pueden hacer cualquier cosa, sea lo que sea, «cualquier cosa».
- Están comprometidos con sus vidas.
- Son coherentes con sus acciones.
- Actúan con perseverancia cuando la situación se pone difícil.
- Lo hacen todo con pasión.
- Son flexibles cuando deben serlo y firmes cuando es preciso.
- Se centran en sus objetivos.
- Piden ayuda cuando la necesitan.
- Crean recompensas significativas a lo largo de su camino.
- Trabajan y juegan duro.

Eso no significa que todo millonario hecho a sí mismo sea un maestro en cada una de estas cosas. En cambio, sí significa que estos millonarios tienden a valorar estas cualidades y aprenden a desarrollarlas en sus propias vidas. **Y tú también puedes hacerlo.**

Este libro está inspirado en las grandes enseñanzas de prosperidad de los superventas clásicos, la mayoría escritos hace unos cien años. Pero se basa en experiencias, la mía y la de las personas con las que he trabajado durante años. Es el libro que hubiera deseado tener hace muchos años: me habría ahorrado mucho tiempo, problemas y años de lucha.

Si la historia de tu vida fuera un libro

Como trabajo en la industria editorial, permíteme un momento. Piensa en tu vida utilizando la metáfora de un libro. Si tu vida fuera un libro, seguirías escribiendo nuevos capítulos en el libro de tu propia vida. Cada año, cada experiencia, redactaría un nuevo capítulo en la historia de tu vida.

Curiosamente, muchos de nosotros no somos muy buenos autores. De hecho, **algunos no somos ni autores, y dejamos que otras personas en nuestras vidas, o las circunstancias de nuestras vidas, creen el contenido de éstas.** En estas situaciones, nos volvemos pasivos y permanecemos en un segundo plano mientras otras personas se hacen cargo y nos dicen cuál debería ser la historia de nuestra vida. ¿Puedes identificarte con esto? En un momento de mi propia vida, estaba en un lugar oscuro y ni siquiera podía ver cómo podía participar en la redacción de mi propia historia; sentía que de alguna manera era un personaje de alguna historia que alguien, o el destino, había escrito para mí.

Y, por encima de todo, **algunos de nosotros ni siquiera somos protagonistas de nuestra propia historia vital.** Si bien el título de tu vida debería ser *La historia de [TU NOMBRE]*, a menudo es *La historia de todos los que son más importantes que yo.* Los miembros de la familia —especialmente los padres— suelen querer escribir el contenido de nuestras vidas, diciéndonos qué hacer, qué deberíamos y qué no deberíamos querer para nosotros mismos, y cómo tendríamos que actuar.

Otra forma en que esto es cierto para nosotros es que a menudo podemos pasar tanto tiempo comparándonos con los demás que en realidad no somos nosotros mismos. Por el contrario, basamos nuestras decisiones, nuestras acciones y nuestra autoestima en cómo son en comparación con las de los demás.

Piensa en la historia de tu vida hasta ahora. ¿Es fascinante? ¿Es próspera? ¿O, de alguna manera, estás atrapado en una narrativa que parece seguir y seguir y, sin embargo, no va a ninguna parte? Sin argumento. Día tras día lo mismo de siempre. Cada semana es casi igual que la anterior, cada mes es como el mes anterior y cada año es más o menos el mismo en el que hemos estado viviendo una y otra vez.

Este libro está centrado en crear tu próspero futuro

Ya sea para ganar millones, vivir en una casa bonita, conducir el automóvil que quieras, tener una cuenta de ahorros saludable y una cartera completa de inversiones, o cualquier otra cosa que consideres que define el éxito (y lo veremos con más detalle más adelante), este libro puede ayudarte a conseguirlo. Con independencia de en qué punto comiences, debe ser una guía que te ayude a conseguir más de lo que deseas... y también menos de lo que no deseas. Si en la actualidad te encuentras en un lugar confortable pero deseas pasar de estar cómodo a ser rico, los principios de este libro pueden ayudarte.

O si eres como yo antes, en aprietos y endeudado, entonces *Los principios de la prosperidad* **pueden ser como un salvavidas que te brinde la ayuda necesaria para creer en ti mismo y crear el futuro que deseas.**

Si bien este libro tiene como objetivo crear más riqueza financiera, *Los principios de la prosperidad* **se pueden utilizar para crear más de lo que desees.** Es un punto importante: tu objetivo podría ser ganar más dinero y convertirte en millonario, pero los principios también funcionarán para ayudarte en tu viaje para crear más amor en tu vida, más alegría, más paz, más salud, más aventura… más de todo. Los principios están formulados para el dinero, simplemente porque parece que éste suele ser lo que la gente considera que es lo más importante que les falta en sus vidas. Así pues, utiliza este libro para crear una vida más próspera… ¡y úsalo para crear más en cualquier área de tu vida!

Independientemente de en qué punto comiences, tu próximo capítulo puede ser más abundante que tu capítulo anterior. Tu futuro puede ser más rico que tu pasado.

Tu punto de inflexión

Todas las personas que admiro han vivido una vida llena de altibajos. Parece que las vidas de la mayoría de las personas que alcanzan la grandeza siguen un patrón: comienzan en un punto doloroso, difícil o desafiante, o bien repleto de carencias y limitaciones de algún tipo. Y entonces se produce un punto de inflexión. Éste se corresponde con el momento en el que trazan una línea en la arena, pasan por encima de ella y nunca miran atrás. A partir de este momento, todo cambia. **Dejan de ser víctimas de sus circunstancias y pasan a ser los autores de su futuro.**

Supongo que es el punto en el que te encuentras ahora: el punto de inflexión.

Lo que hagas a partir de este momento importa. Cada pensamiento y cada acción son importantes. Todo lo que haces se convierte en una forma de quedarte donde estás o de progresar. ¿Qué prefieres? ¿Más de lo mismo? ¿O algo más?

Tómate un momento para asimilar esto. Vuelve a leer el párrafo anterior, y tal vez incluso léelo en voz alta si es posible. Y luego respira y responde a esta pregunta: ¿quieres más de lo mismo o algo más?

Lo que hagas a partir de este momento importa.

Conseguimos aquello con lo que nos conformamos

Una de las verdades incómodas de la vida es ésta: no siempre conseguimos lo que queremos, sino aquello con lo que nos conformamos. Después de todo, si no te conformaras con algo, conseguirías más, ¿verdad? Esto es sentido común, y, sin embargo, no siempre es algo que queramos escuchar. Es incómodo porque traslada la responsabilidad de tu vida directamente sobre... tus hombros.

«¿Qué quieres decir con que me he conformado con toda esta deuda? ¿No estás culpando a la víctima?», quizá te estés preguntando. Bueno, yo también solía tener pensamientos como éste. ¿Qué quieres decir con que me conformé con esta deuda de la tarjeta de crédito? ¿Qué quieres decir con que me he conformado con este trabajo tan mal pagado? Sentía que toda mi vida me presionaba y que no tenía muchas opciones sobre lo que estaba pasando. Y aun así…

Algo dentro de mí se dio cuenta de que si yo no era el que se conformaba con estos resultados, ¿entonces por qué sentía que me mantenía en un segundo plano en mi propia vida? ¿Por qué sentía que no tenía el control de mi vida? ¿Por qué sentía que siempre estaba esperando y esperando que las cosas cambiaran y, sin embargo, nunca pasaba nada?

Tu próspero futuro te está esperando. No siempre lo creí cuando no podía «ver» el futuro ni ver cómo me vendría lo que yo quería. Este libro muestra la forma en que «escribí» el siguiente capítulo de mi vida, de la escasez a la riqueza. Y en estas páginas te enseñaré cómo hacerlo tú mismo.

Justifica tus limitaciones y las tendrás

Richard Bach escribió una profunda verdad en su libro *Illusions: The Adventures of a Reluctant Messiah*.[1] Este libro contiene una serie de ideas profundas, pero una en particular fue como una flecha que hizo blanco en mi mente cuando lo leí por primera vez. Escribió: «Justifica tus limitaciones y ciertamente las tendrás». Esa idea cambió mi vida.

Es mucho más fácil culpar de nuestras circunstancias a otras personas, a otros factores, a todos los obstáculos que te-

---

1. Trad. cast.: *Ilusiones*. Ediciones B: Barcelona, 2007.

nemos que superar. Algunas de esas cosas que etiquetamos como limitaciones son muy reales; no las estoy tomando a la ligera. Algunas de las condiciones de nuestra vida *son* difíciles y no todas las hemos provocado nosotros. Sin embargo, **nuestra experiencia de las condiciones de nuestra vida está en su mayor parte bajo nuestro control.**

Para cada una de las razones que puedes señalar como la principal razón por la que no estás donde quieres estar, o por qué no has conseguido lo que deseas, puedes encontrar a alguien que haya tenido la misma razón y, sin embargo, haya tenido un éxito asombroso. Hay gente que comienza con menos, gente que tiene circunstancias más extremas, gente que ha comenzado mucho peor que donde tú te encuentras… y sin embargo han conseguido más.

Basta con que hagas una búsqueda en Internet de «personas que lograron un éxito poco probable» y verás historias asombrosas de personas que han conseguido cosas increíbles. Si consideras que la edad es tu limitación, busca personas increíbles mayores de cincuenta años (o de sesenta, o de setenta, o de ochenta, o de la edad que sea), y encontrarás docenas y docenas de historias de personas mayores que tú que comenzaron un nuevo capítulo en sus vidas y tuvieron un gran éxito. O si, por el contrario, crees que eres demasiado joven, busca personas increíbles de menos de veinticinco años (o de veinte años, o de diecisiete años, o incluso de doce años) para encontrar historias de personas que han logrado cosas increíbles a una edad muy temprana. Cualquiera que sea tu circunstancia, Internet es un gran lugar para encontrar inspiración de otras personas que han compartido esa misma circunstancia y la han superado.

Esas personas no se conformaron con la mediocridad. Tú tampoco deberías conformarte.

> Cuanto más nos decimos a nosotros mismos y a cualquiera a quien podamos llegar a escuchar todas las razones por las que no estamos donde pensamos que deberíamos estar –tanto financieramente como en cualquier otra área de nuestra vida–, más nos retienen esas razones.

Las personas que no se reprimen son las personas que no se dejan retener por nada.

¿Qué tipo de persona quieres ser?

¿De dónde provienen los principios de prosperidad?

Yo no me inventé los principios de la prosperidad, sino que los descubrí en varios libros que he leído a lo largo de los años y que fueron escritos por grandes maestros de la prosperidad, como Napoleon Hill, U. S. Andersen, el doctor Joseph Murphy, Ralph Waldo Trine, Ernest Holmes, Wallace Wattles, Helen Wilmans, Annie Rix Militz, Catherine Ponder, Emmet Fox, Eric Butterworth, Florence Scovel Shinn, Thomas Troward, Emma Curtis Hopkins, Anthony Norvell, Christian Larsen, Raymond Charles Barker, James Allen y muchos otros. Tampoco inventaron los principios de la prosperidad, sino que cada uno de ellos los fue descubriendo por sí mismo y los enseñó del modo en que los había entendido.

Los descubrí como algo más que «principios» cuando comencé a aplicarlos a mi propia vida. Tomé determinadas ideas, las adapté, las reformulé para poder entenderlas mejor y creé mi propio proceso para utilizarlas. A veces resultó fácil aplicar las ideas a mi vida y en otras ocasiones fue difícil, pero siempre acabó resultando beneficioso. Los aprendí de maneras aún más profundas cuando se los enseñé a otras personas. Ahora, más de treinta años después, los principios de prosperidad se han convertido en una forma de vida, y sigo aprendiendo cómo aplicarlos de formas cada vez más profundas.

Este libro reúne todas estas ideas de la manera más concisa y fácil de aplicar.

Mi historia con el dinero

En muchos sentidos, soy la persona menos indicada para escribir este libro. Criado en un pequeño pueblo de Nebraska, mi familia nunca tuvo dinero contante y sonante. Mis padres, aunque inteligentes, no se habían graduado en las escuelas de la Ivy League[2] y no tenían conexiones especiales ni «dinero familiar». Eran personas trabajadoras que a menudo tenían varios trabajos para pagar las facturas y para permitir que nos divirtiéramos. Era frecuente encontrar un descubierto en el

---

2. La Ivy League es una conferencia deportiva formada por ocho universidades privadas del nordeste de Estados Unidos –la Universidad Brown, la Universidad de Columbia, la Universidad Cornell, el Dartmouth College, la Universidad de Harvard, la Universidad de Pensilvania, la Universidad de Princeton y la Universidad de Yale–, consideradas elitistas y de excelencia académica. *(N. del T.)*

buzón, esos recibos que requerían que mis padres pagaran una tarifa adicional de veinte dólares por cada cheque que era retornado. Cada mes llegaban al menos uno o dos de esos recibos a nuestro buzón. Aunque no vivíamos al día, lo cierto es que no éramos ricachones. Mis padres se quedaban despiertos muchas noches tratando de encontrar la manera de pagar todas las facturas.

Vivir en ese pequeño pueblo de Nebraska no parecía ofrecer muchas oportunidades para mejorar nuestra situación financiera. A los nueve años comencé a trabajar en la tienda de comestibles que tenía mi padre: limpiaba, reponía los estantes, empaquetaba comestibles para los clientes y en algunas ocasiones cobraba como cajero. Cuando cerró el negocio, mis padres necesitaban dinero en efectivo para mudarnos a otra ciudad, y los niños contribuimos a la mudanza con nuestros propios ahorros. Comenzar de nuevo no era algo desconocido para nosotros.

Durante mi infancia (e incluso cuando ya fui mayor), mi madre solía tener tres trabajos a la vez. Cuando tenía trece años, mi padre se las arregló para que empezara a trabajar en el restaurante de un amigo (por 1,65 dólares la hora, sin propinas). Cuando cumplí catorce años, añadí un segundo trabajo en la librería del pueblo, y, más adelante, a los dieciséis años, un tercer trabajo en una de las zapaterías locales. También tenía dos rutas de periódicos (el periódico local y el gran *Omaha World-Herald*), y acepté otros trabajos ocasionales que iban surgiendo (cortar el césped, vender entradas por teléfono para el baile de la policía local, etc.). Hice algunos cursos en el instituto local y luego me trasladé a Denver, la gran ciudad más cercana. A los dieciocho años me convertí en subgerente, y, luego, en gerente de una cadena de librerías en uno de los centros comerciales locales. Aparte de mi trabajo a jornada completa, hice diversos trabajos en mis días libres, ya que siempre estaba sin blanca. Como hicieron mis padres antes que yo, desarrollé el hábito de estar en números rojos a menudo y de trabajar en tantos trabajos como fuera posible para pagar mis facturas.

La historia de mi vida parecía vulgar y estaba a punto de empeorar.

VEINTITRÉS TARJETAS DE CRÉDITO

Había desarrollado otro mal hábito durante estos años, uno que creé yo solo: utilizar tarjetas de crédito para pagar todo.

Con el tiempo, mi costumbre de usar tarjetas de crédito se convirtió en una adicción. Las compañías de tarjetas de crédito seguían enviándome tarjetas por correo, todas con «ofertas especiales», y las aproveché todas y cada una de ellas. Pensaba que si la compañía de tarjetas de crédito creía que podía comprar otra tarjeta, ¿quién era yo para llevarles la contraria? Bueno, evidentemente aprendí de la manera difícil. Cuantas más tarjetas de crédito empleaba, más me endeudaba. Cuanto más me endeudaba, más aprendía lo oscuro y opresivo que puede ser el mundo de la deuda. Finalmente, llegué a tener veintitrés tarjetas de crédito activas y casi sesenta mil dólares en deudas de tarjetas de crédito personales. Mi salario en ese momento era la mitad de esa cantidad y vivía en el norte de San Francisco, donde el coste de la vida es muy alto.

Con los gastos básicos de vida, más veintitrés pagos mínimos que hacer cada mes, básicamente me limitaba a mover los saldos de las tarjetas de crédito para tratar de mantenerme a flote. Por último llegué a un punto límite (que describo con más detalle en mi libro *My Life Contract*) y comencé el viaje desde las deudas hasta estar libre de deudas y luego hasta la prosperidad.

Cuando estaba en mi momento más bajo, pensé que lo que necesitaba para pasar de una deuda abrumadora a estar libre de deudas era sólo un cheque por la cantidad de deuda que tenía. Pero lo que aprendí en el camino para estar libre de deudas fue que, para poder tener más prosperidad en la vida, primero tenía que *estar* más en la vida. **Tuve que aprender a *ser* una persona diferente para poder tener una experiencia distinta.** Para ser completamente sincero, lo último que quería era aprender a ser una persona diferente. Quería la salida fácil y rápida, sólo algo para borrar la deuda. Pero me comprometí con el viaje y hoy en día, mirando atrás, puedo ver que la salida fácil no me habría cambiado, sólo habría cambiado durante un tiempo mi cuenta bancaria. Si mi mente y mis acciones no cambiaban, mi resultado no cambiaría. Si no hubiera aprendido los principios de la verdadera prosperidad y no hubiera cambiado mi vida, sin duda me habría vuelto a endeudar, y es muy posible que incluso más. Hay estudios que demuestran que a las personas a las que les toca la lotería por lo general experimentan un breve respiro de sus problemas económicos, pero luego se meten en más problemas financieros que antes de que les tocara la lotería. ¿Por qué? Porque no ampliaron sus definiciones personales ni cambiaron sus acciones. No escribieron una nueva historia por ellos mismos. Hay ciertas cualidades y principios de prosperidad que tenía que aprender antes de poder experimentar una prosperidad duradera en mi vida. Tenía que adquirir una «mentalidad millonaria» antes de convertirme en millonario. El cambio duradero debe venir de dentro, y mientras trabajaba para hacer esos cambios tanto en mi forma de pensar como en mis acciones, mi experiencia externa también se modificó. Eso es lo que vamos a aprender en este libro.

¿Recuerdas esas veintitrés tarjetas de crédito y los casi sesenta mil dólares en deudas? Bueno, para resumir, el día que decidí que no podía vivir de la manera que había estado viviendo y me comprometí a cambiar, decidí que lo primero que tenía que hacer era hablar con un contable para que me diera una opinión profesional de mi situación. Fui a su oficina (bueno, en realidad, era un cubículo; trabajaba en una gran empresa). Tomó todas mis facturas y mi información (salario, alquiler mensual, etc.) y utilizó una anticuada calculadora hacer todos sus cálculos. Finalmente, cuando terminó, miró todos los papeles de sus operaciones, me miró poco a poco y dijo:

—Buenas noticias. ¡Si no vuelves a utilizar tus tarjetas de crédito y si tu salario se incrementa a un ritmo fiable a lo largo de los próximos años, sólo tardarás veintiocho años en abandonar la deuda!

¡Veintiocho años!

Y entonces me entregó su factura, que, por supuesto, pagué con mi tarjeta de crédito. Definitivamente me encontraba en un lugar oscuro, tanto a nivel financiero como emocional. Quizá te identifiques de alguna manera con esta situación. Si es así, sigue leyendo: hay buenas noticias más adelante.

Escribe el siguiente capítulo

Así es como terminó ese capítulo de mi historia: me salvé de las deudas, pero en vez de tardar veintiocho años, lo hice en poco más de tres años y medio. Y durante este tiempo, mi salario siguió creciendo, dando algunos saltos importantes. Mis cuentas de ahorro aumentaron, y acabé pasando de no tener suficiente a tener «sólo lo suficiente» y, por último, a más que suficiente. Empecé a enseñar estas ideas a otros y a ver cómo sus vidas también cambiaban para mejor. Con independencia de su situación, las ideas les ayudaron a conseguir resultados positivos. A lo largo de este libro leerás las historias de algunas de estas personas.

Aprendí a escribir mi siguiente capítulo y a convertirme en el héroe de mi propia historia. En las siguientes páginas enseñaré cómo lo hice. Déjame decirlo de nuevo: **si yo puedo hacerlo, tú también puedes. De verdad.** Mi esperanza es que te sientas inspirado por mi historia y por las historias de otros, para escribir un capítulo del todo nuevo en la historia de tu vida.

¿Qué significa «más» para ti?

La definición de «más» es diferente para cada uno de nosotros. Una cosa que he aprendido es que mi definición cambiaba a lo largo de los años a medida que yo lo iba haciendo. Mi «más» crecía y cambiaba a medida que yo iba creciendo y cambiando. Uno de los libros que más me ha impactado ha sido *Piense y hágase rico*, de Napoleon Hill.[3] Cuando vi el libro por primera

---

3. Considerado el autor de libros de autoayuda más prestigioso del mundo, el estadounidense Napoleon Hill (1883-1970) fue asesor de los presidentes Woodrow Wilson y Franklin D. Roosevelt. Su libro *Think and Grow Rich* es uno de los libros de autoayuda más vendidos del mundo. Trad. cast.: *Piense y hágase rico*. Ediciones Obelisco: Barcelona, 2012. *(N. del T.)*

vez, mi atención se centró sobre todo en la palabra «rico». Sin embargo, cuando comencé a leerlo, empecé a pensar que el término importante era «pensar»: cómo considerar mi camino hacia la riqueza. Si pensara de una determinada manera, tendría dinero en abundancia. Pero cuando hube releído el libro varias veces, me di cuenta de que en realidad la palabra más importante del título es «crecer». Hill escribe una y otra vez que nadie da algo a cambio de nada. No podemos esperar recibir más mientras permanezcamos exactamente igual. **Para tener más, primero tenemos que convertirnos en más. A medida que crecemos, nuestras circunstancias también lo hacen, incluidas nuestras finanzas.**

Con independencia de cómo definas «más» en tu vida, aférrate con laxitud y permítete continuar evolucionando y redefiniendo el éxito.

¿Qué tienes que hacer?

Espero que leas este libro con una mentalidad abierta. Sé que existe cierta tendencia a encontrar maneras de decir «Bueno, esto no me pasaría a mí...». Pero si bien las experiencias exactas serán diferentes para cada persona, los principios de prosperidad están bien establecidos y han funcionado para millones de millonarios que se hicieron a sí mismos a lo largo de los años. No inventé estos principios, sino que los descubrí y luego los apliqué a mi situación. Ése es mi deseo: que leas este libro, te quedes con las ideas positivas de cada capítulo y luego encuentres formas de aplicarlas a tu propia situación.

De todos modos, hay una dura verdad, y ahora voy a contártela. Si no estás adonde quieres estar financieramente (y, en realidad, en cualquier otra área de tu vida), entonces necesitas saber esto:

> ## Si no cambias tu actitud y tus acciones para mejorar, entonces tu situación no cambiará para mejor.

Sé que parece obvio, pero una cosa que he descubierto por mi propia experiencia y por haber enseñado estas ideas a miles de personas a lo largo de los años es la siguiente: a menudo decimos que queremos un cambio, pero no nos comprometemos con él. Entonces nada cambia y luego nos quejamos. Es importante que aceptes esta simple verdad: deberás cambiar tu actitud y también tus acciones.

Cómo está organizado este libro

Este libro tiene varias partes. Quiero que lo leas, pero es más importante que utilices las ideas y las acciones como herramientas para tu transformación. Puedes utilizarlas para escribir tu próximo capítulo y enriquecerte de la manera que más desees.

El libro en sí está dividido en dos partes: **Piensa como un millonario** y **Actúa como un millonario.** Los capítulos de la primera parte se centran en cambiar y ampliar tu forma de pensar para crear la riqueza que deseas tener. La primera parte trata sobre adoptar la mentalidad de un millonario. Los capítulos de la segunda parte se centran en las acciones millonarias positivas que puedes tomar y que te ayudarán a redactar tu nuevo capítulo.

A lo largo del libro hay secciones que sirven como recordatorios de las ideas sobre las que acabas de leer. Las secciones tituladas «Haz esto» incluyen las acciones que debes llevar a cabo para poder avanzar. Si bien son sugerencias, recomiendo encarecidamente que las practiques, no sólo que te limites a leerlas. Parafraseando al poeta sufí del siglo XIII Rūmī,[4] no puedes emborracharte sólo con la palabra «vino». Quería decir que necesitas beber vino para notar sus efectos. Del mismo modo, es necesario «hacer» el libro para experimentarlo.

Cada capítulo termina con unas secciones tituladas «Deja de» y «Empieza a». Se explican por sí mismas. «Deja de» incluye ideas de qué deberías dejar de hacer, ya que estas actividades suponen un freno en tu viaje. «Empieza a» incorpora ideas de qué comenzar a hacer para ayudarte en este viaje.

Finalmente, hay dos cosas que animo a que hagas mientras lees el libro para maximizar tu experiencia de pensar y actuar como un millonario:

Diario: consigue un diario y anota en él tus pensamientos, tus objetivos y las acciones, para registrar tus progresos. Cuando escribas un nuevo capítulo en tu vida, ¡escríbelo literalmente! A lo largo del libro, de vez en cuando haré referencia a que escribas en tu diario. Créeme, tu diario se convertirá en un valioso compañero en tu viaje hacia la riqueza.

---

4. Yalāl ad-Dīn Muhammad Rūmī (1207-1273) fue un célebre poeta místico musulmán que durante siglos ha influido en la literatura persa, urdú y turca. Sus seguidores fundaron la orden de los derviches giróvagos, muy conocidos por su danza de meditación en la que giran sobre sí mismos acompañados de flautas y tambores. *(N. del T.)*

Compañero de éxitos: encuentra a alguien con quien leer y «hacer» este libro. Elige a tu mejor amigo, a tu pareja, a un compañero de trabajo de confianza o a un familiar. Asegúrate de elegir a alguien que esté tan entregado como tú, que te apoye tanto como tú lo apoyarías a él y ante quien serás responsable, para que ambos os toméis este esfuerzo más en serio.

Una vez estaba hablando con un amigo cuando me di cuenta de que ambos teníamos el mismo objetivo financiero, que era convertirnos en millonarios. Decidimos reunirnos con regularidad para hablar sobre nuestro viaje y hacer que el otro fuera responsable de nuestras acciones. Incluso llamamos a nuestra colaboración el Club del Millón de Dólares, y cuando nos reuníamos, nos centrábamos en nuestro objetivo y en lo que estábamos haciendo para conseguirlo. Fue genial tener un compañero en el camino hacia la riqueza. Nos ayudamos mutuamente viendo al «millonario» en el otro antes de que pudiéramos verlo en nosotros mismos.

Reúnete con tu compañero de éxitos con cierta regularidad, discute las ideas del libro y cómo aplicarlas a tus situaciones vitales, y luego haced juntos las actividades. Lleva contigo tu diario y haz que cada reunión se centre en vuestros objetivos (¡no se aceptan quejas!). Hablando de no quejarse, trata de no quejarte o de hablar negativamente sobre una situación, sobre otras personas o sobre tú mismo.

Un autor de autoayuda dijo una vez que «tu palabra es tu varita», lo que quiere decir que las palabras que dices —externa o internamente— ayudan a crear la experiencia que tienes. Por lo tanto, es de vital importancia que utilices tus palabras con sabiduría, tanto las que pronuncias en voz alta como las que te dices a ti mismo. Desarrolla el hábito de la conversación positiva y del pensamiento motivacional positivo.

Cuando sientas la tentación de quejarte de algo, hazte estas preguntas:

- ¿Te estás quejando de algo que puedes cambiar o modificar? Si es así, haz algo al respecto. Entonces, no hace falta quejarse.
- ¿Te estás quejando de algo que no puedes cambiar ni modificar? Si es así, entonces quejarse es una pérdida de energía. Déjalo.

Una cosa más, una cosa más, una cosa más

Déjame que te confiese una cosa. Repito ciertas ideas varias veces, y lo hago por diseño. Es porque estas ideas son suficientemente importantes como para ser repetidas y causar una buena impresión. De acuerdo, es el momento. Abre tu mente, prepárate para llevar a cabo algunas acciones positivas para experimentar la prosperidad en tu vida y pasa página.

Primera parte

Piensa como un millonario

Para ir a alguna parte,
primero debemos saber
cuál es nuestro punto
de partida.

Sé claro sobre tu punto de partida

La historia de tu vida se construye con las experiencias que has tenido y las personas que has conocido hasta este momento. En cada momento tienes la capacidad de continuar la historia en la dirección que ha llevado o bien de dirigirla en una dirección del todo diferente, incluido este preciso momento.

Al comenzar nuestro viaje juntos, es importante saber que cada viaje comienza con un punto de partida. Aquí es donde estás ahora mismo. Por «donde» quiero decir en qué parte de tu vida te encuentras en *cada* área de tu vida. ¿Cuán feliz estás? ¿Cuán feliz te sientes con tus finanzas? ¿Y con tu carrera? ¿Y con tus relaciones? ¿Y con tu bienestar general?

Para ir a alguna parte, primero debes saber cuál es tu punto de partida. Si fueras a emprender un viaje utilizando la función GPS de tu teléfono inteligente, necesitarías tanto el punto de partida como el punto de llegada para obtener las direcciones. Lo mismo ocurre con la historia de tu vida. Comencemos por aclarar dónde te encuentras mientras escribes este nuevo capítulo. Es el primer paso para crear tu nueva y próspera historia.

Cuando piensas en la historia que cuentas sobre tu vida, ¿cómo la cuentas? ¿En qué personas o experiencias te centras? ¿Describes tu vida como un triunfo? ¿O bien como una tragedia? ¿O dices frívolamente «¡La historia de mi vida haría que la gente se durmiera!»? Es posible que creas que no has conseguido todo lo que querías, o que estás atascado, o que tienes muchas esperanzas y sueños. Es importante cómo cuentas la historia tanto a los demás como a ti mismo.

Es interesante advertir que el mismo conjunto de experiencias se puede describir de maneras muy diferentes. Si diez personas ven la misma película y les pides a todas ellas que expliquen cuál es su argumento, lo más probable es que tengas diez versiones diferentes. Una película y diez formas distintas de verla.

Tenemos la misma capacidad para contar y volver a contar la historia de nuestra vida de diferentes maneras. Esto es importante porque pretendo que comiences un nuevo capítulo de tu vida, y la forma en que cuentes esta nueva historia está influenciada por la historia que ya has estado contando.

¿Alguna vez has conocido a alguien que casi de inmediato comienza a contarte todos sus problemas y preocupaciones? ¿Cómo te sientes cuando ocurre esto? ¿Te sientes algo atrapado por él? ¿O te unes y empiezas a contar todos tus problemas y preocupaciones? Si empiezas a hablar con alguien de esta manera, enfocas la vida con la lente de tus problemas y preocupaciones.

También podemos enfocar nuestras vidas a través de nuestros triunfos y éxitos. No tenemos que ser jactanciosos ni arrogantes al respecto, pero podemos ver nuestra vida como una vida de superación de la adversidad en lugar de darnos por vencidos.

Con independencia de cuál sea la forma en que hayas enfocado tu vida hasta ahora, tómate un instante para reflexionar sobre si eres una persona que se concentra más en lo positivo o en lo negativo. ¿Eres una persona que cuenta una historia sobre sus alegrías o sobre sus problemas?

Éste es un ejercicio poderoso que puede ayudarte a revelar muchas cosas sobre tu vida. Es algo que tuvo un profundo impacto en mí y me ayudó a que me replanteara no únicamente mi pasado, sino también cómo veo mi futuro.

☞ HAZ ESTO: crea tu línea temporal

Dibuja en tu diario (o en una hoja de papel) una línea vertical en el centro. En la parte inferior de la línea, escribe la palabra «nacimiento», y en la parte superior, el término «ahora». Pon marcas a lo largo de la línea para indicar períodos de tiempo (cinco años, diez años, quince años, etc., o cualquier otra indicación). Tiene que parecerse al ejemplo de la página siguiente.

Ahora tómate unos minutos y empieza a pensar en las experiencias importantes que han dado forma a tu vida. Éstas pueden incluir cosas como licenciarse o diplomarse en alguna carrera, trabajar por primera vez, casarse, etc. Puedes incluir desafíos importantes de salud a los que tuviste que hacer frente (operaciones o enfermedades graves, por ejemplo), puntos de relaciones (conocer una persona especial, casarse, separarse, divorciarse), cambiar de trabajo, comprar una nueva casa, etc.

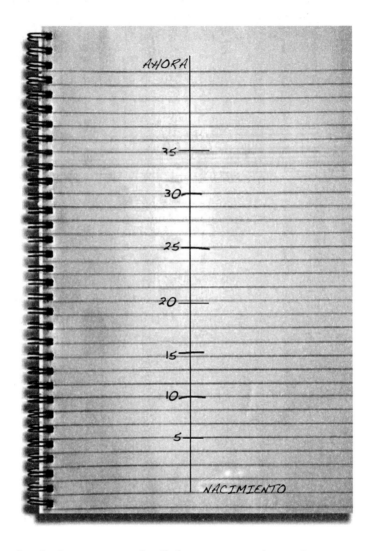

Puedes hacer esto tan detalladamente como desees. A continuación, añade otras experiencias significativas que hayas tenido. Agrega cualquier cosa que te parezca importante, como viajar a algún lugar, el fallecimiento de algún ser querido o descubrir un nuevo hobby que se haya convertido en una pasión.

Pero quiero que incorpores esas cosas en tu línea temporal de una manera particular. Si la experiencia fue negativa, anótala en un lado de la línea (yo utilicé el lado izquierdo), mientras que, si la experiencia fue positiva o neutra, emplea el otro lado de la línea (en mi caso, utilicé el lado derecho).

Una versión muy simplificada podría parecerse al ejemplo de la página siguiente.

NOTA: puedes modificar este ejercicio de cualquier forma que aporte significado para ti. El punto es crear un mapa que te brinde una instantánea de algunos de los altibajos.

Cuando hice este ejercicio, tuvo un profundo efecto en mi persona. En primer lugar, me di cuenta de la cantidad de experiencias positivas que anoté. Estaba tan obcecado en las experiencias negativas que a menudo olvidaba recordar que mi vida también estaba llena de experiencias positivas.

En segundo lugar, noté algo inesperado, y es que muchas de las experiencias más significativamente positivas que había tenido sucedieron poco después de algunas de las más negativas. En algunos casos, las experiencias negativas parecían marcar el comienzo de algo positivo. Una experiencia negativa en apariencia se transformaba más adelante en una positiva. Consciente o inconscientemente, de alguna manera transformé mis contratiempos en experiencias positivas.

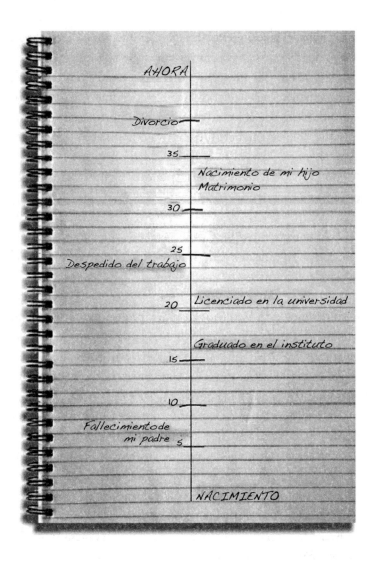

Como muchas personas, a menudo era muy duro conmigo mismo en la privacidad de mi propia mente, reprendiéndome por no ser suficiente, por ser demasiado diferente, por no tener un buen trabajo o dinero en el banco, por tener sobrepeso, etc. Pero ver por cuántas cosas había pasado hasta llegar a ese punto me llenó de un sentimiento de gratitud por mi yo más joven y por lo valiente que había sido para llegar adonde estaba, incluso a pesar de no estar donde en realidad quería estar.

Desde entonces, he venido haciendo este ejercicio en talleres y clases, y he visto de primera mano cómo este simple ejercicio puede crear algunas profundas revelaciones.

Este ejercicio ayuda a crear la mentalidad millonaria.

No es para mirarte el ombligo. Te da una idea de tus orígenes y también de tus patrones, de tus fortalezas y de las áreas en las que podrías necesitar ayuda. **El autoconocimiento ayuda a generar prosperidad.**

Este ejercicio también te brinda una historia de la que puedes sacar información mientras escribes este nuevo capítulo de tu vida. Los mejores libros que he leído siempre le dan al lector una idea del pasado de cada personaje. Cuanto más se conoce un lector la historia de fondo de un personaje, más rica es la experiencia de lectura y mayor es la sensación de cuántos obstáculos tuvo que superar el personaje.

En el caso de mi línea temporal, en el lado izquierdo escribí «sesenta mil dólares de deuda en tarjetas de crédito», mientras que en el lado derecho anoté «liberado de todas las deudas». Eso no cuenta toda la historia, por supuesto, pero destaca una parte importante de ella.

Al mirar tu línea temporal, ¿observas algún patrón? Esto nos lleva a un punto importante que hay que recordar...

Mucha gente sigue creando la misma experiencia una y otra vez. Puede variar desde patrones arraigados, aprendidos en nuestra infancia, hasta hábitos adquiridos a lo largo de los años.

Cuando era pequeño, mi madre me solía decir:

«Si siempre haces lo que siempre has hecho, siempre conseguirás lo que siempre has conseguido».

Mi madre me lo decía para que intentara tomar las mejores decisiones, por lo general en casa o en la escuela. Pero en realidad este «refrancito» es una lección para todos nosotros.

Tu nivel de éxito en este momento de tu vida es la suma de tus pensamientos, creencias y acciones hasta ahora. Y si sigues viviendo tu vida con los mismos pensamientos, creencias y acciones, continuarás consiguiendo aproximadamente el mismo éxito. **No obtendrás nada diferente hasta que *hagas* algo diferente. Y no harás cosas diferentes hasta que *seas* diferente.**

En el mundo de los negocios, hay un dicho que recuerda a lo que solía decir mi madre. Es el siguiente: **«Lo que te trajo aquí no te hará llegar allí».** Y Wallace Wattles,[5] el gran maestro del Nuevo Pensamiento, afirmaba que **no puedes tener más si primero no te conviertes en más** (por cierto, ésta es mi paráfrasis). Todo esto es para decir que una vez que sepas realmente quién eres –con verrugas y todo–, podrás avanzar.

---

5. El escritor estadounidense Wallace Wattles (1860-1911) fue uno de los principales exponentes del Nuevo Pensamiento, movimiento surgido en Estados Unidos a principios del siglo XIX. Adopta las enseñanzas de antiguas tradiciones de sabiduría (griega, romana, egipcia, china, taoísta, védica, musulmana, hindú y budista) y busca la curación planetaria a través de la transformación personal. *(N. del T.)*

Traza una línea de partida

Traza ya, ahora mismo, una línea que separe tu pasado de tu futuro. Ahora voy a dibujar una línea para ti:

AHORA

QUIÉN ERA YO | **CÓMO VOY A SER**

Un poco más adelante en el libro te pediré que tomes la decisión final de vivir tu vida de tu nueva manera: que liberes acciones y pensamientos limitantes, y que tengas pensamientos y hábitos nuevos y empoderadores que te llevarán hasta tu objetivo. Por ahora quiero que te fijes la línea y pienses en si estás preparado para que la historia de tu vida tome un nuevo y próspero rumbo. El siguiente ejercicio te ayudará a cruzar esta línea.

☞ **HAZ ESTO: deshazte de todo lo que no quieres**

Para realizar este ejercicio, deberás utilizar la raya de más arriba o dibujar una en tu diario. En un lado de la raya, quiero que escribas «Quién era yo» y, debajo, todas aquellas cosas que no quieres llevar contigo en tu nuevo capítulo de riqueza. Algunas de las cosas que puedes escribir podrían ser las deudas, las personas negativas (su nombre), la procrastinación, el desorden, un trabajo que no te gusta, etc. No son cosas de las que necesariamente te desprenderás de inmediato, pero sí son cosas de las que estás dispuesto a deshacerte una vez cruces la raya. Pertenecen a tu vida anterior, no hacia donde te diriges.

En el otro lado de la raya, anota «Quién soy», y escribe lo contrario a cada una de las cosas que has anotado antes. Si has escrito «debo dinero por la tarjeta de crédito» en «Quién era yo», entonces, en el otro lado de la raya, anota «libre de deudas». Haz esto con cada una de las cosas que has escrito. Gracias a esta acción, estás creando una imagen mental de lo que quieres en lugar de centrarte en lo que no quieres. Estás escribiendo lo que quieres experimentar.

☞ **HAZ ESTO: crea un reparto de personajes**

Escribe en tu diario una lista de las personas que forman parte activa en tu vida. Son las personas con las que vives, trabajas y pasas el rato. Pueden ser tus amigos, tus compañeros de trabajo, tus familiares o cualquier otra persona que sea una presencia constante en tu vida.

Éste es tu reparto de personajes. Son las personas que están a tu alrededor. Como en una novela, algunas pueden ser héroes, otras pueden ser villanos y otras pueden ser personajes secundarios.

Repasa la lista y observa qué personas son influencias positivas que te llenan de energía cuando estás con ellas. ¿Qué personas de la lista son influencias negativas que te quitan la energía cuando estás con ellas o incluso cuando piensas en ellas? Y ¿cuáles son neutrales? Por ahora, sólo tienes que fijarte. ¿Son la mayoría de las personas de tu vida influencias positivas? ¿O la mayoría de ellas son influencias negativas? ¿O una mezcla de ambas cosas?

☞ HAZ ESTO: libera el pasado

Antes de comenzar a crear la vida que deseas, tómate un momento para liberar tu pasado y dejarlo ir. Tómate unos minutos para mirar tanto la línea temporal que has creado como el reparto de personajes. Parte de lo que has escrito te llena de alegría y empoderamiento, otra parte puede enojarte o entristecerte, y otra parte es sólo lo que es. En cualquier caso, el conjunto de todo lo que has escrito es lo que te ha llevado hasta donde estás ahora.

Ahora da las gracias mentalmente o por escrito a todo lo que te ha traído hasta aquí: las cosas positivas, las cosas negativas, todo. No toleras las cosas negativas y no pasas por alto las dificultades. Sin embargo, reconoces que, a pesar de todo, aún estás aquí y ahora te estás preparando para dejarlas ir y pasar a experiencias más ambiciosas. Reconoce todas tus experiencias, dales las gracias y libéralas mentalmente. Puedes decirte a ti mismo (o anotar en el diario) «Ahora libero el pasado y acepto el futuro». O cualquier otra cosa que ponga punto final a este capítulo de tu vida.

Ahora, respira e imagínate pasando la página. Está a punto de comenzar un nuevo capítulo, más grande y más próspero.

Utiliza los siguientes poderosos recordatorios a medida que prosigues tu viaje hacia la prosperidad. Puedes convertirlos en autoafirmaciones o colgarlos en un lugar en el que los puedas ver a menudo.

Deja de:
- Pensar que tus objetivos y deseos se encuentran en un ambiguo «algún día».
- Aferrarte al pasado o pensar que el pasado puede frenarte.
- Pensar que no eres el tipo de persona que puede tener éxito.
- Quejarte de todo o de cualquier persona.
- Practicar acciones o hábitos negativos.

Empieza a:
- Reconocer que tus metas son tu responsabilidad y que puedes comenzar a alcanzarlas ahora.
- Formar hábitos nuevos y positivos.
- Afirmar una y otra vez: «Libero el pasado y acepto el futuro» y «Me merezco el éxito».
- Hablar de ti mismo de manera positiva.

Las riquezas
no responden
a los deseos.

Sé claro sobre
dónde quieres llegar

Empezamos el último capítulo comenzando a tener claro de dónde partimos. Ahora es el momento de establecer algunos objetivos. Tomaste este libro con cierta sensación de lo que quieres crear: más éxito, más dinero y más experiencia financiera. Ahora es el momento de ser específico.

¿Qué quieres?

Napoleon Hill, autor de *Piense y hágase rico*, escribió algo en ese libro, publicado originalmente en 1937, que todavía es cierto hoy en día: la mayoría de la gente no puede decirte exactamente qué quiere y cómo lo va a conseguir. Escribió:

«Si el lector examina a las primeras cien personas que se encuentre y les pregunta qué es lo que más quieren en la vida, el 98% será incapaz de responderle. Si insiste en que den una respuesta, algunos dirán *seguridad*, muchos dirán *dinero*, unos pocos dirán *felicidad*, otros dirán *fama y poder*, e incluso algunos dirán *reconocimiento social*, *una vida fácil, habilidad para cantar, bailar o escribir,* pero ninguno será capaz de definir estos términos ni de dar una mínima indicación de un *plan* con el que esperan lograr estos deseos vagamente expresados. Las riquezas no responden a los deseos. Únicamente responden a planes definidos, tras los cuales hay deseos concretos, por medio de una constante *persistencia*».

De cada cien personas, noventa y ocho no pudieron ser específicas: eso es el noventa y ocho por ciento. ¿Perteneces a este noventa y ocho por ciento? Si es así, anímate. Estás a punto de convertirte en uno más del 2 % de personas que saben lo que quieren y cómo lo van a conseguir.

El 2 % son los que piensan
y actúan como millonarios.

Establece objetivos

Se han escrito libros enteros sobre cómo establecer objetivos: qué son, qué no se debe hacer nunca cuando se establecen objetivos, etc. He dedicado mucho tiempo a este tema, probando diferentes tipos de objetivos y de establecimiento de objetivos. Y esto es lo que he observado: **hazlo simple, supersimple.**

Me he dado cuenta, tanto en mi caso como en el de casi todas las personas con las que he trabajado a lo largo de los años, que cuanto más simple es un objetivo, más probabilidades tenemos de conseguirlo. Muchas personas establecen objetivos que son:

- Demasiado complicados
- Demasiado distantes
- Demasiado gigantescos o inalcanzables
- Demasiado pequeños
- Demasiado aburridos
- Demasiado vagos
- Demasiado parecidos a lo que otras personas esperan de ti

Cuando estableces objetivos que son como cualquiera de los anteriores, es difícil hacerlos realidad. **Cuanto más claros y sencillos sean tus objetivos, más alcanzables serán.**

Ni demasiado grandes ni demasiado pequeños, sencillamente en su justa medida

Permíteme compartir un pequeño secreto que te ayudará a crear un objetivo: no tienes que establecer un único objetivo en tu vida. Algunas personas se obsesionan con establecer un objetivo porque piensan que un objetivo es en lo que deben trabajar su vida. Lo mejor es **crear un objetivo que te inspire, te deleite y esté más allá de tu alcance. Más adelante, cuando consigas este objetivo, podrás establecer tu próximo objetivo, y el siguiente, y el siguiente.** Si te marcas un objetivo enorme, puedes dividirlo otros en objetivos más pequeños.

Otra buena noticia: puedes cambiar tu objetivo a medida que progreses. Si te das cuenta de que has establecido un objetivo que es demasiado pequeño o de que has elegido un objetivo que era algo que creías que debías elegir en vez de algo inspirador, cámbialo. No deberías tener que cambiar tus objetivos con demasiada frecuencia, pero los objetivos pueden crecer y cambiar y expandirse a medida que tú creces, cambias y te expandes. El propósito de tener un objetivo es tener algo que te motive a alcanzarlo. Está destinado a ser algo que te emocione, te levante de la cama por la mañana y te mantenga con ganas de seguir adelante. Si eliges algo que no consigue ninguna de estas cosas, entonces debes elegir mejor. Napoleon Hill escribió que «una pequeña cantidad de fuego proporciona muy poco calor». Esto significa que si tu objetivo es demasiado débil, entonces no será algo que te excite llevar a cabo.

Por otro lado, si eliges un objetivo que es demasiado ambicioso, demasiado audaz, entonces te resultará abrumador tratar de conseguirlo.

> **Escoger un objetivo que es demasiado ambicioso es una forma de autosabotear tu propio éxito.**

Elegir algo que se encuentra mucho más allá de tus posibilidades hará que resulte muy fácil que te digas a ti mismo: «¡Mira, este objetivo no funciona!». No ha funcionado porque has elegido un objetivo inalcanzable.

Déjame ser claro. En cierto sentido, se pueden conseguir todos los objetivos. Sin embargo, si estás muy endeudado y tu objetivo es «Quiero mil millones de dólares», es muy probable que esto no suceda. En cambio, si estás muy endeudado y tu primera propuesta es «Quiero estar libre de deudas», es mucho más alcanzable y, una vez lo logres, puedes plantearte otros objetivos. Y luego, ¿quién sabe? Quizás por último puedas subir de nivel hasta los mil millones de dólares. Pero comienza con algo que realmente funcione.

Del mismo modo, si eliges un objetivo que sea demasiado pequeño, no te inspirará. En uno de mis talleres, una persona me dijo que su objetivo era tener un salario de cincuenta mil dólares. Le pregunté cuál era su salario en ese momento y me respondió que era de cuarenta y cinco mil dólares. Se trataba de un objetivo de cinco mil dólares más. Cuando le pregunté si ése era un objetivo suficientemente ambicioso, me aseguró que lo era. Poco después abandonó la clase y cuando le envié un correo electrónico preguntándole por qué se había ido, me respondió que la clase no parecía inspirarlo realmente. Pero no era la clase lo que no le inspiraba, sino que era su objetivo. Si hubiera elegido un objetivo emocionante, la clase le habría servido para conseguirlo.

> Escoger un objetivo que es demasiado pequeño es otra forma de autosabotaje.

Dime lo que quieres, lo que realmente quieres

Cuando pregunto «¿Qué quieres?», ¿qué es lo primero que te viene a la mente? Al preguntar «¿Qué te gustaría tener en los próximos seis meses o el año que viene?», suele aparecer una idea rápida en nuestra mente *antes* de que nuestro crítico interno pueda avergonzarnos y hacernos elegir otra cosa. Alguien podría pensar «Ser millonario» antes de que nuestra mente racional (pensando que te está ayudando) se precipite con pensamientos como «Esto es demasiado» o «¿Cómo podría aparecer un millón de dólares en mi vida?». Con independencia de lo que se te haya ocurrido por primera vez, podría ser algo a considerar para tu objetivo, o al menos un punto de partida para determinar tu objetivo. En el ejemplo anterior, si un millón de dólares parece una locura o algo inalcanzable, ajústalo. Quiero que tu objetivo resulte:

- Inspirador
- Deseable
- Alcanzable (sin tener que saber «cómo»)
- De un nivel superior
- Lujoso
- Alegre

¿Te has dado cuenta de que no he mencionado que eligieras un objetivo que supieras cómo conseguir? Selecciona un objetivo que se encuentre más allá de donde puedas descubrir cómo conseguirlo y ya descubrirás cómo obtenerlo sobre la marcha. El «cómo» vendrá paso a paso, ¡y gran parte del cómo será a través de personas o de experiencias que ni siquiera puedes predecir! Y, por el amor de Dios, no elijas un objetivo basado en tu salario actual.

☞HAZ ESTO: elige un objetivo
Ha llegado el momento de elegir un objetivo. Si necesitas ayuda, éstos son algunos de los objetivos más frecuentes que a lo largo de los años he visto que la gente elige:

- Pagar las deudas de la tarjeta de crédito
- Saldar la hipoteca
- Incrementar la cuenta corriente (anota una cantidad específica)
- Cancelar un préstamo para estudiantes
- Conseguir un millón de dólares
- Tener más de un ingreso
- Conseguir un gran trabajo
- Tener una casa bonita
- Poseer un coche nuevo
- Viajar (anota un lugar específico al que quieras ir o un crucero que quieras hacer)

En la línea inferior o en tu diario, escribe qué objetivo te viene a la mente:

_____

_____

Ahora respira hondo.

De nuevo, éste no tiene por qué ser el único objetivo que te marques. No tiene por qué ser el mayor objetivo de todos los tiempos. Sólo debe ser tu próximo objetivo. Puedes marcarte muchos más una vez hayas conseguido éste.

Observa de nuevo el objetivo. ¿Es demasiado pequeño? ¿Demasiado ambicioso? Si lo deseas, vuelve atrás, tacha lo que has escrito y ajústalo un poco. Si lo consideras un poco ambicioso, está bien. Quieres algo que te exija.

¿Pero cómo?

El comentario más frecuente que oigo de las personas que asisten a mis talleres y clases es que les encantaría establecer un objetivo que les inspire, pero sencillamente no ven cómo ese objetivo puede llegar a ellos. A veces, el «cómo» es el veneno en nuestra mente que nos impide correr riesgos y elegir la grandeza.

No sugiero que corras riesgos imprudentes o creas en algo que no tiene sentido, sino que pido que dejes a un lado la pregunta de cómo al crear tu objetivo. Piensa en personas que han logrado cosas. Cuando se propusieron hacer realidad sus objetivos y sus sueños, desconocían cada paso que darían para materializarlos. Por el contrario, se limitaron a dar pasos hacia delante e ir descubriendo cosas sobre la marcha. A medida que iban avanzando, experimentaban sincronicidades y coincidencias, o conocían a personas que les ayudaban en momentos clave, o pasaban cosas que nunca podrían haber imaginado. No tenemos que conocer todo el camino; sólo tenemos que dar un paso en el camino.

Hace muchos años, asistí a una charla de un monje budista. Ésta tuvo lugar en una casa grande y hermosa en Colorado, sólo por invitación (fui invitado como el «más uno» de uno de mis amigos). Entré en la casa e inmediatamente me sentí intimidado por el tamaño y la riqueza evidente que había a la vista. Estaba a años luz de mi pequeño apartamento, que apenas podía pagar con mi salario de nueve mil dólares al año. El propietario de esta casa lo tenía todo y yo sentía que apenas tenía nada.

Mientras los setenta invitados charlaban en la impresionante y espaciosa habitación, yo miraba a mi alrededor sintiendo que no encajaba allí, porque no tenía tanto (ni dinero, ni posesiones, ni confianza…) como los demás en la habitación. Una parte de mí quería huir de la situación e irse a casa. ¡Me sentía tan pequeño!

Y entonces, la conversación terminó de repente y la habitación se quedó en silencio. Miré a mi alrededor para ver qué había cambiado, y fue cuando vi que había entrado un hombre pequeño. Era asiático y vestía una túnica naranja. Llevaba un bolsito colgando de su cintura. Resulta que todo lo que este monje poseía en el mundo estaba dentro de ese bolsito. Me preguntaba que había dentro: ¿un peine?, ¿un paquete de pañuelos de papel?, ¿algunos caramelos?

Se dirigió a la silla que estaba colocada en un extremo de la habitación y se sentó. Todos se acercaron y se sentaron en el suelo a su alrededor. Había una gran silla muy cerca de él, a su izquierda. Dio una charla de Dharma, una especie de sermón budista breve e inspirador sobre cómo podemos elegir ser felices haciendo unos sencillos cambios en nuestra vida. Hacer cambios sencillos, nos dijo, puede tener efectos profundos y duraderos. Hablaba tan bajo que todos tuvimos que inclinarlos para escucharlo. Mientras hablaba, vi a una mujer sentada en el suelo a su derecha. Me fijé en ella porque claramente cada vez se estaba inquietando más mientras él hablaba. Suspiraba de un modo ruidoso, sacudía la cabeza y hacía otros gestos de molestia. Cuando el monje terminó de hablar y dijo si alguien quería hacer alguna pregunta, la mano de esta mujer se levantó como un resorte. Él le hizo un gesto con la cabeza para que formulara su pregunta y la mujer comenzó a hablar a mil por hora, agitando las manos y a un volumen muy alto. Suponía un contraste discordante con las maneras lentas, mesuradas y consideradas del monje.

Ella saltó de inmediato:

—Te he escuchado hablar sobre *cómo* podemos ser felices, sobre *cómo* podemos estar contentos, sobre *cómo* podemos elegir hacer cambios, sobre *cómo* podemos alcanzar el nirvana y sobre *cómo* podemos crear una experiencia vital diferente, pero no veo *cómo* puedo conseguirlo. ¿Cómo puedo conseguir todas estas cosas? ¿Cómo se supone que voy a hacer que en mi caso esto se convierta en realidad?

Siguió y siguió.

Él dejó que hablara, y, mientras lo hacía, la miraba con compasión y en silencio, sin interrumpirla. Cuando terminó, respiró hondo y guardó silencio durante un minuto. En la habitación, todo el mundo permaneció inmóvil, como si fueran estatuas, preguntándose cómo iba a responder ese amable monje a esa persona tan inquieta. Era casi como si sólo quisiera ser escuchada. Yo no tenía ni idea de cómo podría responder a sus preguntas.

Por fin, el monje comenzó a hablar, de nuevo a su manera lenta y tranquila.

—Mmm, preguntas muy interesantes… Cómo conseguir esto… Cómo hacer esto… Cómo lograr la paz… Cómo, cómo, cómo… Tantos «cómos»… Grandes preguntas, grandes «cómos». —Se quedó en silencio durante unos segundos antes de proseguir—. Gran cómo… La respuesta es… pequeño cómo.

En ese momento, la energía de la habitación cambió cuando todos (incluida la mujer que había hecho la pregunta) comprendimos lo que acababa de decir. ¡En cuatro palabras había dicho tanto como algunos libros! ¿Gran cómo? La respuesta es pequeño cómo. **Gran cómo, pequeño cómo.** Cambia la palabra «cómo» por «objetivos» y queda así: ¿grandes objetivos? La respuesta es pequeños objetivos. Ahora cambia la palabra «cómo» por «sueños»: ¿grandes sueños? La respuesta es pequeños sueños.

No te dejes intimidar por tu objetivo.

> **Independientemente de cuál sea tu objetivo, se puede dividir en objetivos más pequeños que conduzcan al objetivo más grande.**

☞HAZ ESTO: amplía tu objetivo un poco más

Es de esperar que, llegados a este punto, hayas anotado un objetivo. Si quieres ajustarlo un poco más, ahora es el momento.

¿Hecho? Perfecto, sigamos adelante. Vamos a tomar tu objetivo y pulirlo un poco.

Examina tu objetivo y responde a las siguientes preguntas. Escribe tus respuestas en el espacio de más abajo o en tu diario. No pienses demasiado en tus respuestas, simplemente escribe lo que se te ocurra primero.

- ¿Cómo te hace sentir este objetivo?
- ¿Qué significa para ti este objetivo? (En otras palabras, ¿por qué elegiste este objetivo concreto?)
- Imagínate consiguiendo este objetivo: ¿cómo sientes este momento?
- ¿Cómo te sentirías si no obtuvieras este objetivo dentro de seis meses o un año?
- ¿Cuál es el primer paso (o los dos primeros pasos) que deberías llevar a cabo para cumplir este objetivo?

- ¿Qué necesitas cambiar de ti para conseguir este objetivo?
- ¿Qué necesitas dejar de hacer para ayudar a alcanzar este objetivo?
- ¿Quién en tu vida puede ayudarte con tu objetivo?
- ¿Quién en tu vida podría impedirte alcanzar tu objetivo?
- ¿Cuándo te gustaría conseguir este objetivo?

¡Buen trabajo! Tómate un momento y revisa tus respuestas. ¿Has aprendido algo?

Estas preguntas engordan tu objetivo, por lo que no es sólo «Quiero un millón de dólares», sino el «por qué» lo quieres y el «cómo te hace sentir» tenerlo. Si sabes por qué eliges un objetivo y cómo te hará sentir conseguirlo, te esforzarás más por hacer que el objetivo se convierta en realidad.

☞HAZ ESTO: anota tus objetivos

Los grandes maestros de la prosperidad de los últimos cien años han recomendado la práctica de anotar los objetivos. ¿Por qué? Porque hay algo que es más «real» acerca de un objetivo cuando lo escribes. Se vuelve más concreto. En lugar de ser algo de lo que únicamente hablas, se convierte en algo que ahora estás intentando conseguir. En la página siguiente hay un formulario que puedes utilizar para escribir tu objetivo, aunque también puedes anotarlo en tu diario.

¡Felicidades! Ya has establecido tu primer objetivo. Es el mapa que utilizarás para navegar desde la ilusión hasta una mentalidad millonaria.

Léelo en voz alta. ¿Cómo te sientes cuando lo lees?

Saca una copia de tu objetivo; incluso puedes utilizar una ficha. Debes colocar esta ficha, con tu objetivo escrito en ella, en tu mesita de noche. ¿Por qué? Porque **vas a leer tu objetivo**

justo cuando te despiertes y también justo antes de apagar la luz por la noche. ¿Por qué te pido que hagas esto? Responderé a esta pregunta con otra pregunta: ¿cómo podrías cambiar tu día si lo comenzaras y lo terminaras con un recordatorio de tu objetivo? Estoy seguro de que estarás de acuerdo en que empezar el día leyendo tu objetivo (¡y preferiblemente en voz alta!) te hará estar más enfocado en él a lo largo del día, y, a su vez, este enfoque te ayudará a aproximarte con más rapidez a tu objetivo. Es por eso.

Cada vez que he enseñado esto en una clase de varias semanas, alguien ha levantado la mano y ha dicho algo así:

—No estoy viendo tantos resultados como pensaba que vería a estas alturas...

La primera pregunta que les hago entonces es:

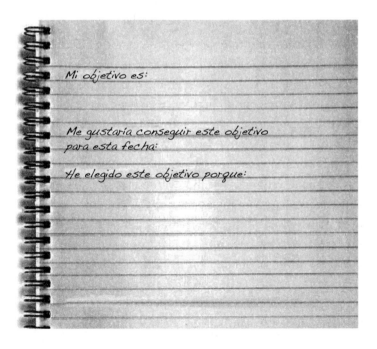

Mi objetivo es:

Me gustaría conseguir este objetivo para esta fecha:

He elegido este objetivo porque:

Mis primeros pasos para conseguir este
objetivo serán:

Cuando consigu este objetivo, me sentiré:

—¿Estás leyendo tu objetivo justo cuando te levantas y de nuevo justo antes de apagar la luz por la noche?

Y el cien por cien de las veces, me dan una excusa de por qué no están haciéndolo. Excusas frecuentes son:

Me he olvidado.

Por la mañana tengo prisa.

No veo cómo esto me va a ayudar.

Me siento estúpido leyendo este objetivo en voz alta o incluso en voz baja para mí mismo.

Y éstas son mis respuestas cuando oigo estas excusas:

Pon la ficha justo al lado de la lámpara de tu mesita de noche o en un lugar donde la veas nada más despertar; es una ficha, y no es difícil encontrar un lugar bien visible para ella.

Sólo necesitas ocho segundos para leerla. ¿De verdad tienes tanta prisa? ¡Estoy seguro de que dedicas mucho más tiempo a cotillear en las redes sociales! (Ésta es la excusa más tonta, aunque hay que reconocer que es muy frecuente).

¿De verdad no ves que empezar y terminar el día pensando en tu principal objetivo te va a inspirar? ¿De verdad? Por cierto, hablaremos de esto en detalle más adelante.

Es mejor sentirse un poco estúpido ahora y conseguir tu objetivo que evitar pronunciarlo y no conseguirlo.

Si tienes un bloqueo mental que te impide llevar a cabo este sencillo ejercicio, ¡supéralo! Simplemente, hazlo. Créeme; hazlo durante treinta días seguidos y observa si ves algún resultado. Hazlo por tus resultados y por ti mismo. Y si eso no te convence, hazlo por mí, por favor.

☞HAZ ESTO: practica tu presentación relámpago

Recuerda la cita del libro *Piense y hágase rico*, de Napoleon Hill, sobre el 98 % de personas que son incapaces de responder a la pregunta «¿Qué quieres?». Bien, te felicito, oficialmente te encuentras entre el 2 % de las personas que pueden hacerlo. No sólo conoces la respuesta, sino que también te he animado a que la leas al despertar y cada noche antes de que se apaguen las luces. Ahora te voy a pedir que también la memorices. Dilo una y otra vez hasta que no necesites el «guion» para leerlo. Conviértelo en algo que repitas una y otra vez dentro de tu mente: cuando vas caminando por la calle, mientras estás en la cola del supermercado o incluso mientras estás limpiando.

Hay diversas razones para actuar de este modo. En primer lugar, si por algún motivo alguien te pregunta «¿Qué quieres?», serás capaz de responder como la persona más segura de sí misma, ya que has practicado tu presentación relámpago del «producto».

En segundo lugar, y más importante, lo que te dices a ti mismo tiene importancia. Vamos a profundizar un poco más en ello más adelante en el libro, pero por ahora basta con decir que, al memorizar tu objetivo y repetirlo a menudo, estás alimentando tu mente con información positiva, que, a su vez, te ayudará a tener una visión más positiva, cosa que, al mismo tiempo, te permitirá tener una experiencia más positiva.

Cuanto más comprometido estés en meterte de lleno en tu objetivo, más desarrollarás tu mentalidad millonaria. Cuanto más repitas tu objetivo, más lo personificarás.

¿A quién le explicas tu objetivo?

Ahora que tienes un objetivo, lo has escrito y te lo repites con frecuencia a lo largo del día, es probable que pienses que diré que lo compartas con todas las personas de tu vida. Pero, por favor, no lo hagas.

Mantén tu objetivo para ti. Y luego elige revelarlo sólo a aquellas personas que te apoyan, son influencias positivas y te pueden ayudar. ¿Por qué? Porque has elegido hacer algo que requerirá que crezcas y cambies. Algunas de las personas de tu vida tienen una imagen muy específica de ti en su mente y no quieren que cambie. Si le explicaste tu nuevo objetivo a una persona negativa, quizá te diga: «¿Tú? Nunca cumples nada. ¡No te hagas ilusiones!».

O incluso podría decirte algo peor.

> **A veces, las personas en tu vida sólo pueden ver quién has sido, no en quién te estás convirtiendo.**

Elige de manera sabia. No te sentirás bien compartiendo algo tan valioso como tu objetivo con alguien que no lo valora o no te apoya en tu viaje para conseguirlo. La frase «No des margaritas a los cerdos» es otra forma de decirlo. No es que las personas en tu vida sean cerdos, sino que la metáfora es que, a medida que creces y amplias tu experiencia, las personas que no lo hacen no pueden ver la belleza de tu objetivo. Además, algunas personas son celosas y se sentirán superiores si no alcanzas tu objetivo. ¿Has conocido a una persona así? ¡Seguro que sí! Así que, por favor, mantente alejado de estas personas.

Tu nueva normalidad

Hay poder en tus palabras. Ahora tienes palabras muy específicas que te brindarán más poder. Tu objetivo es tu fortuna. Es tu mapa. Es tu camino hacia la consecución de tus sueños. ¡Es tu mentalidad millonaria en acción!

Lo que estás haciendo al crear este objetivo y repetirlo a menudo es crear una «nueva normalidad». Esto significa que ya **estás transformando tu vida, porque estás cambiando tu manera de hablar y estás siendo específico e inspirado por algo que te emociona.**

Esto es emocionante.

Estoy emocionado por ti.

Pero antes de continuar, revisa los siguientes recordatorios poderosos que te ayudarán a llegar más lejos:

Deja de:
- Preguntar a los demás qué creen que deberías hacer.
- Ser confuso sobre lo que quieres.
- Conformarte y aceptar menos de lo que deseas.
- Compartir tu objetivo con quienes no te apoyan.

Empieza a:
- Elegir la acción más positiva y divertida, o la acción que te aporta positividad y alegría.
- Escribir tu objetivo y leerlo por la mañana y por la noche.
- Memorizar tu objetivo y repetírtelo a menudo, tanto mentalmente como en voz alta, creyendo que conseguirás este objetivo y también todos los que te propongas.

**Lleva tu objetivo
del sueño
a la realidad.**

PRINCIPIO TRES DE LA PROSPERIDAD

Decide que llegarás lejos

Has tenido muy claro cómo es tu vida hasta este momento. Has pasado tiempo eligiendo un objetivo sencillo pero emocionante, y has aprendido no únicamente qué objetivo has elegido, sino por qué y cómo cambiará tu vida. Has llevado a cabo algunos de los trabajos preliminares necesarios para pasar de una mentalidad limitada a otra millonaria.

Pero aún hay un paso más importante que tienes que tomar. Y es tomar la decisión de seguir adelante. Este paso lleva la idea de tu objetivo de «¿no sería genial?» a «será maravilloso cuando». En otras palabras, es lo que lleva tu objetivo de un sueño a una realidad. Al pensar en la historia de éxito de tu vida, me refiero a que no quieres escribir el mismo capítulo una y otra vez, sino que, por el contrario, deseas escribir un nuevo capítulo, uno lleno de éxito tras éxito tras éxito.

Para que esto suceda, debes tomar la decisión de hacerlo. No se trata sólo de una decisión casual, «Sí, lo haré», sino que hablamos de un tipo de decisión real de «las cosas van a ser diferentes». Este tipo de decisión suena así:

Elijo esto para mí.
Decido tener abundancia.

Deseo apoyar mi crecimiento y expansión.

Elijo comprometerme con mi viaje hacia la riqueza.

Decido que a partir de este momento mi vida será diferente.

Deseo dedicarme a mi éxito.

Decido que a partir de ahora seré más positivo.

Elijo que, de ahora en adelante, tomaré acciones y desarrollaré hábitos positivos.

Decido ser una persona acomodada.

Quiero ser rico.

Elijo vivir mis sueños.

Motivación negativa

Una forma de ayudarte a mantenerte concentrado en lo que quieres es recordarte de vez en cuando cómo sería tu vida si no tomaras esta gran decisión. ¿Qué pasaría? ¿Volverías a desear y a esperar un cambio? ¿Las cosas seguirían igual? ¿O bien empeorarían?

Recuerda esas palabras de mi madre: «Si siempre haces lo que siempre has hecho, siempre conseguirás lo que siempre has conseguido».

¿Estás preparado para cambiar?

¿Estás preparado para más?

¿Estás realmente preparado?

¿Estás preparado para crecer y cambiar?

¿Estás preparado para exclamar «¡Las cosas serán diferentes a partir de ahora!»?

¿Víctima o vencedor?

Muchas personas se sienten víctimas de sus circunstancias. Culpan a todos los que las rodean, o al gobierno, o a otras cosas por los motivos por los que no están experimentando el éxito que tanto desean. Pero siempre puedes encontrar a alguien que tenga una situación similar a la tuya y ver que, en cambio, ha tenido un gran éxito. Y también puedes encontrar gente que tiene una situación incluso más dramática que la que tú tienes y que ha conseguido tener un gran éxito.

No debes sentirte impotente. Cualesquiera que sean tus circunstancias, hay pensamientos y acciones positivas que pueden cambiarlas para mejor. Tú eres responsable de tu propia vida y, sin duda, puedes hacer que ésta sea mejor y más exitosa.

Si lees el último o los dos últimos párrafos y piensas: «Bueno, para ti es fácil decirlo, no eres como yo», entonces estás eligiendo ser una víctima. ¿Cómo lo sé? Porque yo solía actuar así. En su lugar, piensa ahora mismo que has decidido dejar de ser víctima de las circunstancias y que estás preparado para convertirte en un vencedor. No más consciencia de víctima. No más culpabilizar a los demás por tu miseria, tu carencia o tus circunstancias. Tu jefe no es responsable de tu felicidad o de tu éxito. Tus padres o tus familiares no son responsables de tu felicidad o de tu éxito. Sólo tú eres el responsable de tu felicidad o de tu éxito. (Y, dicho sea de paso, tú no eres el responsable de la felicidad y del éxito de otros adultos. ¡Preocúpate por ti!). Si consideras que de alguna manera hay alguien que te está provocando angustia o cortándote las alas, haz una acción positiva para cambiarlo.

Pronuncia estas palabras para ti mismo: «No soy víctima de nadie ni de nada. ¡Soy el creador de mi propio éxito!».

☞ **HAZ ESTO: realiza tres acciones**

En una sección anterior, te he pedido que pensaras en una acción que podrías llevar a cabo para ayudar a conseguir tu objetivo. Ahora voy a ampliarlo un poco.

Sin pensarlo demasiado, ¿cuáles son las tres acciones que podrías llevar a cabo ahora mismo y que tendrían un efecto positivo sobre tu vida? Tal vez sea responder esos correos electrónicos, ordenar ese armario, llamar a esa persona, pagar esas facturas u organizar tu escritorio. No tienen que ser grandes acciones, sino simplemente cosas que podrías hacer y que te harían sentir genial una vez las hayas hecho. A menudo, son cosas que sólo hacemos después de concluir todo lo demás, o incluso las evitamos por completo.

Ahora anota aquí abajo (o en tu diario) todas estas cosas:

1. _____

2. _____

3. _____

Tu círculo interior

Antes te he pedido que escribieras un reparto de personajes. Y, a continuación, que anotaras cuáles eran las influencias positivas en tu vida y cuáles las negativas. He hecho esto por un motivo. Las personas de las que te rodeas tienen una gran influencia en tu vida. Son aquellas a las hemos permitido que entraran en nuestro círculo, a las que hemos prestado nuestro tiempo y nuestra presencia y a las que hemos abierto nuestro corazón.

Hay una idea de negocio que dice que tu éxito es igual al éxito promedio de las cinco personas con las que permaneces más tiempo. Si pasas el tiempo con personas que pierden la fuerza por la boca y posponen las cosas, es posible que tú seas igual. Pero si te rodeas de personas que están al tanto, que tienen confianza en sí mismas y que aman la vida, esas buenas vibraciones se contagian y tenderás a tener más confianza y éxito.

Tu mentalidad millonaria necesita todo el apoyo posible de las personas de tu vida.

Ahora vamos a llevar todo este reparto de personajes un paso más allá. Éste es un ejercicio que puede ayudarte a reducir la negatividad que experimentas en tu vida. Para aclarar lo que quiero decir, las personas negativas:

- Te agotan.
- Reducen tu energía.
- Son incapaces de ver su potencial.
- Se quejan a menudo.
- Son sarcásticas.
- Hablan de ti a tu espalda.
- No te apoyan.
- Suponen una barrera para tu éxito.

Si todas las personas de tu vida son positivas y te apoyan, entonces bien por ti, ya puedes pasar a la siguiente sección. Pero si tienes personas negativas en tu vida, a continuación se muestra un ejercicio que te puede ayudar.

Hace algunos años, cuando trataba de hacer frente a las personas negativas de mi vida, creé un gráfico que me ayudara a ver su influencia. Como persona visual que soy, necesitaba mirar algo físico que me ayudara a crear más positividad y a reducir la negatividad que estaba experimentando. Yo lo llamo «círculo de relaciones».

Anota en el gráfico de la página siguiente los nombres de tu reparto de personajes. En la diana del centro debes escribir los nombres de las personas de tu círculo íntimo, aquellas que son más cercanas a ti. El círculo que rodea al círculo interior debe contener los nombres de otras personas también cercanas a ti, aunque algo menos. Y así una y otra vez con cada círculo concéntrico, reservando el más externo para aquellas personas que tienen menos influencia en tu vida. Al anotar los nombres, no debes basarte en lo cerca que están geográficamente de ti, sino que debes hacerlo desde un punto de vista emocional. ¿Quién se encuentra en la actualidad en tu círculo íntimo? ¿Quién está en el círculo más exterior?

Ahora observa tu círculo de relaciones y fíjate en qué personas aportan positividad a tu vida y te apoyan. ¿En qué círculo se encuentran? ¿Y qué personas son negativas y te quitan la energía? ¿En qué círculo se hallan estas personas?

Quiero que vuelvas a hacer este ejercicio, pero que esta vez escribas los nombres de aquellas personas que aportan positividad a tu vida en el círculo más interior, y los nombres de aquellas personas más negativas, en el círculo más exterior. Y si hay alguien que no pertenece a ningún círculo, no lo escribas. Obviamente, hay algunas personas a las que no puedes tachar de tu lista, pero sí que puedes eliminarlas emocionalmente de tu círculo interior.

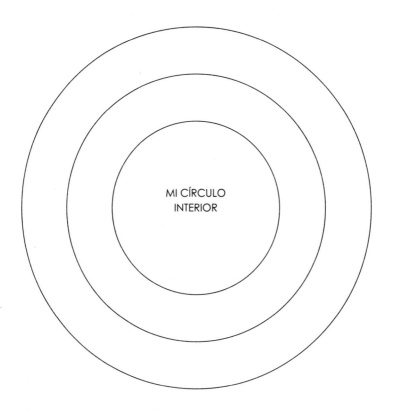

MI CÍRCULO
INTERIOR

Cuando dibujé por primera vez los círculos, fui consciente de que tenía a varias personas en mi círculo íntimo simplemente porque siempre habían estado allí. En concreto, estas personas habían estado en mi círculo íntimo durante muchos años y no se me había ocurrido cambiarlo. Pero más adelante, cuando decidí que quería rodearme de personas más positivas y limitar la negatividad, decidí sacarlas de mi círculo íntimo unos peldaños. No les expliqué mi decisión, sólo lo hice como un ejercicio en el papel, pero aun así creó un cambio sutil.

Sacar a las personas negativas de mi círculo íntimo y poner otras más positivas en el centro me ayudó a decidir con quién quería pasar más tiempo y con quién menos. En ese momento, en mi vida había un par de personas muy negativas. Desplacé a una persona desde el círculo interior hasta el borde más exterior y luego la borré y volví a escribir su nombre justo fuera del círculo más alejado. Seguía estando en el mapa debido a determinadas circunstancias, lo que significaba que no la podía eliminar por completo, pero la desplacé hasta el lugar más alejado de mi mapa, lo que, a nivel emocional, significó que la moví al borde de mi vida. A esta persona le deseaba lo mejor y esperaba que le pasaran cosas buenas, pero tomé la decisión de no dejar que su negatividad afectara a mi vida de una manera tan profunda.

De nuevo, no le dije a esta persona que había hecho este ejercicio; con franqueza, hacerlo habría provocado un drama, e incluso más negatividad, y eso es lo que estaba tratando de minimizar en mi vida. Cada vez pasaba menos tiempo con esta persona y conseguía mantenerme positivo cuando estaba con ella.

Otra persona que saqué de mi círculo íntimo era alguien que me importaba mucho, pero noté que a menudo no podía contar con ella cuando la necesitaba, y cuando estaba allí, no siempre me apoyaba tanto como yo precisaba. La desplacé del círculo más allá del círculo más interior. Y luego me senté con esta persona y le expresé mis sentimientos. Le dije que ya no me sentía tan cerca de ella y por qué, y que esperaba que pudiéramos solucionarlo. No era consciente de que me sentía así, y fue la oportunidad que necesitábamos para redirigir la relación. Después de nuestra charla, volvía a situar a esta persona en el círculo más íntimo.

Crea ahora tu segundo círculo.

¿Cómo te has sentido al volver a dibujar tu círculo en función de quién te apoya mejor en tu viaje? ¿Cómo te sientes manteniendo a las personas positivas y comprensivas en tu círculo más íntimo y alejando a las más negativas?

Revisa los siguientes recordatorios, ya que te ayudarán a comprometerte con tu futuro próspero y a prepararte para el éxito:

Deja de:
- Ser insípido.
- Evitar tomar la decisión de hacer más en tu vida.
- Permitir que las personas negativas tomen las decisiones en tu vida.
- No comprometerte con tu propio éxito.
- Ser una víctima.

Empieza a:
- Ser decisivo.
- Pasar más tiempo con personas positivas que te apoyan.
- Recordar que eres capaz, valiente y fuerte.
- Creer que te mereces el éxito.

☞HAZ ESTO: firma el contrato

Si estás preparado para tu futuro millonario, entonces comprométete con él. He redactado un pequeño contrato para que lo firmes, para hacerlo oficial. (Bueno, legalmente no es oficial, pero te parecerá más oficial).

MI CONTRATO CONMIGO MISMO

Me comprometo a transformar mi futuro
millonario en mi realidad millonaria.

Soy totalmente responsable de mi propia vida.

Me comprometo a tener acciones y
pensamientos positivos que ayudan a mi
crecimiento en todas las áreas de mi vida,
incluidas mis finanzas.

Estoy preparado. Es la hora.
Me comprometo conmigo ahora.

X _____

Fecha _____

SEGUNDA PARTE

Actúa como un millonario

**No hay nada peor
que el potencial
no realizado.**

Empieza ahora,
no más tarde

¡Felicidades! Has completado la primera mitad de tu historia de éxito. Estás en camino de crear una mentalidad millonaria, la mentalidad para la riqueza. En la primera parte del libro, hemos hecho el trabajo mental preparatorio, y ahora comenzaremos a actuar. Y empezaremos con el principio de actuar *ahora*, no más tarde.

Es común hablar de tus esperanzas y tus sueños como si fueran a acaecer en un futuro amorfo. Por ejemplo, podrías decir cosas como:

Algún día me gustaría…
Quizá en algún momento pueda…
Cuando sea mayor, haré…

En este capítulo, trasladamos nuestro éxito de algún momento en el futuro a crear nuestro éxito ahora, día a día, acción a acción.

La energía sigue a la acción

Sería estupendo que tomáramos medidas una vez que nos sintiéramos motivados para hacerlo. Pero así no funciona la vida. En realidad, la fórmula es la inversa: **sentiremos la motivación una vez que tomemos medidas.**

He aquí una analogía muy simple. Si sólo fueras al gimnasio cuando te sintieras motivado para hacerlo, ¿qué resultados verías? Probablemente, resultados no muy espectaculares. Pero cualquiera que se haya comprometido a ir al gimnasio con constancia te dirá que hay algunos (¿muchos?, ¿la mayoría?) días en los que no quería ir al gimnasio, pero que cuando salió, se sintió muy bien, y eso, a su vez, lo motivó a seguir y a ir aún más. La energía, el sentimiento y la motivación llegaron después de ir al gimnasio. **La energía, el sentimiento y la motivación para tu éxito vendrán después de que tomes medidas para lograrlo.**

¿No me crees? Pruébalo.

Todo empieza con la acción

Antes de pasar a la acción, todo es teoría. Después de pasar a la acción, te encuentras en el proceso de avanzar hacia algo. **No hay nada peor que el potencial no realizado.** ¿No sería terrible llegar al final de tu vida y pensar: «Ojalá hubiera perdido menos tiempo posponiendo las cosas y hubiera actuado y arriesgado más»? No tiene por qué ser así.

Ya has decidido comprometerte con tu viaje hacia la riqueza, y hoy es el día en el que vas a pasar de la teoría a la acción. De nuevo, utilizando la analogía del gimnasio, puedes pensar en apuntarte a un gimnasio durante semanas y meses, pero pensar que lo vas a hacer no cambiará nada. Una vez que empieces a ir, incluso después de un único entrenamiento, tu cuerpo comenzará a cambiar. Y después de que hayas ido esa primera vez, resultará más fácil ir el segundo día, y el tercero, y el cuarto… Eso es así porque has creado un impulso con esa primera acción.

☞HAZ ESTO: actúa ahora

Buenas noticias, ¡ya sabes qué acciones tomar! Podrías pensar: «¡¿Sí, puedo?!». ¡Sí, tú puedes!

Si recuerdas, uno de los ejercicios de un capítulo anterior ha sido anotar tres acciones que podrías realizar inmediatamente y que tendrían un efecto positivo en tu vida. Ahora te voy a pedir que hagas tres cosas. Si puedes hacerlas ahora mismo, cierra el libro y comienza. O hazlas tan pronto como puedas.

Haz lo que puedas ahora mismo. Vamos… Esperaré a tu lado.

¡Bienvenido de nuevo! ¿Cómo te has sentido llevando a cabo estas acciones?

Si bien estas tres acciones pueden, o no, haber tenido una conexión directa con tu objetivo, sí constituyen acciones, y pasar a la acción cambia tanto cómo te sientes como tus circunstancias.

☞HAZ ESTO: realiza tres acciones más

Ahora que has hecho tres acciones, conserva esta energía de acción. Así pues, a continuación, anota tres acciones más que puedas realizar mañana. Recuerda, están fuera de tu mente; no las pienses demasiado. Escríbelas ahora:

1. _____

2. _____

3. _____

Si lo deseas, puedes realizar hoy mismo algunas de estas acciones. De todos modos, acostúmbrate a hacer hoy las acciones de hoy, y deja que las acciones de mañana ocurran mañana. ¿Por qué? En primer lugar, porque no quiero que te sientas abrumado. Siempre es cierto que cuando empezamos algo nuevo, tenemos mucha energía y queremos hacer todo lo posible. Pero me he dado cuenta de que si hacemos más por adelantado, las personas tienden a sentirse abrumadas muy rápidamente y abandonan su viaje. Su compromiso se desvanece, e incluso llega a desaparecer. En segundo lugar, adquirir el hábito de realizar las acciones de hoy nos permite crear hábitos sanos desde el principio. Se llama «equilibrio». **Cuanto más equilibrio crees ahora, desde el principio, más éxito tendrás.** ¿Por qué? Porque estás comenzando desde una posición de fuerza y plenitud, que continuará llenándote de energía.

Además, acostúmbrate a crear acciones para llevarlas a cabo y anótalas. Como todo lo demás en este libro, cuanto más sencillo lo hagas, mejor. Uno de mis alumnos estaba tan emocionado después de la primera clase sobre los principios de la prosperidad que de camino a casa se detuvo en una tienda de artículos de oficina y compró una agenda muy completa, con muchas pestañas, con un papel especial que sólo servía para esa agenda, una cubierta de cuero muy caro, un bolígrafo especial que encajaba en el portaplumas de esa agenda, etc. Enseñó a todo el mundo el material completo, y cuando le pregunté cuánto se había gastado, respondió que más de cien dólares. Ya te puedes imaginar el final de esta historia. Al terminar la clase, no había utilizado la agenda. Dijo que era... demasiado complicado. ¿Recuerdas lo que he comentado antes? ¡Hazlo simple, supersimple!

Pero si te gustan las agendas complicadas, utiliza una. Ve a por ella. A algunas personas les encanta este nivel de planificación. De todos modos, si eres una de esas personas que cree que necesita complicar las cosas –incluidas tus acciones hacia el éxito–, **complicar las cosas sabotea tu éxito.**

Cómo hago un seguimiento de las acciones

Con independencia del sistema que emplees para hacer un seguimiento de las acciones, simplemente hazlo. ¿Qué hago yo? Hay dos cosas que me funcionan. En primer lugar, siempre llevo un diario encima y anoto todo lo que me viene a la mente, incluidas las acciones que debo llevar a cabo. Y en segundo lugar, uso notas adhesivas. Escribo todo lo que tengo que hacer en una nota adhesiva. Una acción por nota. Y cuando hago esta acción, arrugo esta nota y la tiro a la papelera. ¡Es muy satisfactorio hacerlo! (Por cierto, puedes tomar notas en tu teléfono inteligente o en tu ordenador si no quieres utilizar notas adhesivas).

Si una acción que tengo que llevar a cabo es demasiado grande para una nota adhesiva, veo qué acciones más pequeñas debo hacer primero, escribo estas acciones en las notas adhesivas y sigo haciéndolo así hasta que terminar la acción más grande. Recuerda, ¿gran cómo, pequeño cómo? Dividir acciones más grandes en acciones más pequeñas y alcanzables respalda tu viaje hacia la riqueza.

No digo que lo tienes que hacer como yo. Explico cómo lo hago para inspirarte a encontrar la forma que te funcione a ti. He utilizado este sistema para escribir libros y para hacer todo lo que hago en mi trabajo, muy complicado y orientado en los detalles, con mi familia y con todo en general. ¡Funciona!

Acciones diarias, registro diario

Realiza acciones todos los días. Por la noche, reflexiona sobre cómo ha sido el día y revisa tus actuaciones. Éstas son algunas de las preguntas que puedes hacerte:

- ¿Las has hecho todas?
- Si no es así, ¿qué no has hecho?
- ¿Por qué?
- ¿La has evitado?
- ¿Te has sentido sobrepasado?
- ¿Te habría ayudado dividir la acción que no has hecho en acciones más pequeñas que fueran más alcanzables?
- ¿Tu sistema de seguimiento de las acciones funciona en tu caso?
- ¿Qué precisas cambiar?
- ¿Con qué necesitas ayuda?
- ¿A quién puedes pedir esta ayuda?
- ¿Te sientes bien con las acciones que has llevado a cabo?
- ¿Has hecho demasiado?
- ¿No has hecho lo suficiente?
- ¿Qué podrías hacer mejor mañana?

Llevar un registro hace que seas responsable y que mantengas tus objetivos en primer plano en tu mente. Recuerda: a lo que prestas más atención es lo que es más probable que suceda.

Yin o yang

Cuando se trata de acciones, algunas personas son más yin, y otras, más yang. Es posible que hayas visto un símbolo del yin y el yang como éste:

El yang, el lado blanco del símbolo, se describe como el aspecto «masculino» del símbolo del yin y el yang; es la parte más activa, generosa y orientada a la acción del símbolo. El yin, el lado negro del símbolo, se describe como el aspecto «femenino» del símbolo; es la parte más pasiva, maternal y reflexiva del símbolo.

Éstas son las cualidades de ambos:

YIN	YANG
Pasivo	Activo
Energía femenina	Energía masculina
Reflexivo	Impulsivo
Más ser	Más hacer
Relajado	Intenso
De trato fácil	Exigente
Amable	Autoritario
Espontáneo	Planificador
Sutil	Directo
Flexible	Rotundo
Procrastinador	Trabajador

¿Te identificas con aspectos de ambos? ¿O lo haces más con uno que con el otro? Yo mismo, en mi vida tiendo a estar más orientado hacia el yang. Soy emprendedor y planificador, y estoy más enfocado hacia el exterior. He descubierto que a veces necesito hacer menos para conseguir estar más equilibrado, lo que, paradójicamente, me permite hacer más.

En cambio, he visto personas que están más orientadas hacia el yin. Son más tranquilas y sutiles, y procrastinan y postergan las cosas. A veces necesitan hacer más para estar más equilibradas, lo que les permite experimentar más éxito.

¿Por qué esto es importante? ¿Sobre todo aquí, en el capítulo sobre la acción?

Si eres más yang, debes:
- Comprobar que no estés haciendo demasiado cada día.
- Evitar postergar las cosas «manteniéndote ocupado» (pero no haciendo lo que realmente tienes que hacer).
- No agobiarte.
- Dedicar un rato cada día a relajarte, meditar o hacer algo relajante.
- Conectar contigo mismo y con otras personas.
- Dejar que los demás te ayuden a ratos.
- Ser rígido o dar vueltas a las cosas.
- Recordar que necesitas «ser» y no sólo «hacer».

En cambio, si eres más yin, debes:
- Elegir acciones que te encaminen hacia tu objetivo todos los días.
- Fijarte en que no estés evitando o postergando hacer determinadas acciones.
- Conectar con tu objetivo y ser creativo todos los días para avanzar hacia él.
- Autoafirmarte a veces.
- Ser directo sobre tus deseos y necesidades.
- Observar que no estés deprimido ni necesitado.
- Evitar abandonar.
- Evitar dejar que el miedo te detenga.

- Evitar sentirte una víctima.
- Recordar que necesitas «hacer» y no solamente «ser».

¿Te sientes equilibrado? ¿O tal vez más yin? ¿O, por el contrario, más yang? Anota tu respuesta en la parte inferior o en tu diario:

_____

_____

_____

_____

_____

La clave para la acción más eficaz

A continuación explico cómo pasar a la acción. Cuando afrontes tu lista de acciones del día, haz primero la más difícil. **Haz lo que menos quieras hacer primero.** ¿Por qué? Es lo contrario de lo que hace la mayoría de la gente. Muchas personas suelen mirar su lista de acciones y hacer las cosas fáciles primero, y luego, una vez han acabado con ellas, no tienen tiempo ni energía (o ambas cosas) para hacer las cosas más grandes y difíciles. **Si comienzas con lo más difícil primero, creas un impulso increíble para el resto del día, y es más probable que lo termines todo.** ¿No me crees? ¡Pruébalo y verás!

El poder de la autosugestión

En algunos de los primeros libros sobre prosperidad y éxito aparece la palabra «autosugestión» como una clave para dominar cómo conseguir lo que deseas. ¿Qué es la autosugestión? En pocas palabras, la autosugestión consiste en repetirse una cosa una y otra vez para crear un determinado resultado. Cuando de manera consciente alimentas con sugerencias tu mente subconsciente, ésta comienza a trabajar para orientar tu vida hacia aquello con lo que la estás alimentando.

Somos lo que pensamos todo el día.

Todo el mundo utiliza la autosugestión. Un maestro de la prosperidad lo explicaba de esta manera: «**Somos lo que pensamos todo el día**». Si no aprendemos a entrenar nuestra forma de pensar y nuestros pensamientos, entonces tendemos a hacer lo que yo llamo «falso pensamiento», que simplemente consiste en pensar en lo que tenemos justo delante de nosotros y no en lo que nos espera más adelante o en la visión de conjunto. **La autosugestión es una manera de influir en nuestros resultados y acciones inundando nuestra mente con pensamientos específicos.**

Un estudio que leí hace unos años afirmaba que estamos rodeados de siete veces más imágenes e informaciones negativas en los medios de comunicación que de imágenes e informaciones positivas. ¡Siete veces más! Si esto es cierto, entonces significa que, para equilibrar la negatividad, debemos inundar nuestra mente con tanta positividad como podamos.

Si tenemos pensamientos negativos la mayor parte del día, entonces empleamos la autosugestión de una manera negativa.

Eso es una autosugestión negativa. **La buena noticia es que conscientemente podemos elegir con qué alimentamos nuestra mente. Podemos optar por saturar nuestra mente con autosugestión positiva y pensamientos motivacionales positivos.** Es tan simple como idear formas de poner en nuestra mente tantas ideas positivas como sea posible. Cuanta más positividad introduzcas en tu mente, más positividad saldrá. Esto es de sentido común, pero no significa que sea fácil. Si fuera fácil tener una perspectiva positiva, ¡todos seríamos positivos todo el tiempo! Y no usaríamos la negatividad para crear drama y atención, y luego nos preguntaríamos por qué tenemos una experiencia negativa.

La autosugestión es de vital importancia para tu objetivo. Debes asegurarte de crear un pensamiento motivacional que sea congruente con tu objetivo. En otras palabras, necesitas pensar de una manera que respalde tu objetivo. ¿Cómo se utiliza la autosugestión en este caso? Encuentra formas de repetir mensajes que reflejen un resultado positivo.

Así, si tu objetivo es ganar un millón de dólares antes de que acabe el año porque esto te permitirá estar completamente libre de deudas y hará que te sientas próspero, entonces debes crear una serie de afirmaciones que lo reflejen, como, por ejemplo:

- Soy millonario.
- Me merezco prosperar y tener éxito.
- Soy un imán para el bien que deseo.
- Ya me siento como un millonario y lo expreso en todo lo que hago.
- Llevo a cabo acciones positivas todos los días y experimento resultados positivos.

- Elijo ver las situaciones y las experiencias de una manera positiva.
- La positividad es mi camino; la prosperidad es mi resultado.

Puedes crear tantas autosugerencias como desees. Luego, busca tantas maneras como puedas de alimentar estos pensamientos en tu mente.

Puedes:
- Anotarlas en tu diario todos los días; tal vez elijas alguna de ellas y la escribas una y otra vez en tu diario cada día.
- Escribirlas en notas adhesivas (una autosugerencia por nota) y colocarlas en tu hogar, tu oficina o tu lugar de trabajo (evidentemente, siempre que sea posible).
- Grabarte haciendo estas autosugerencias y escucharlas una y otra vez (todos los teléfonos inteligentes tienen esta función).
- Descargar afirmaciones positivas de éxito (puedes comprarlas en Internet en iTunes, en Amazon o incluso en la librería de tu barrio).

¿De qué otras formas puedes aportar estos pensamientos positivos a tu mente? Escribe estas formas en la parte inferior (o en tu diario):

_____

_____

_____

_____

_____

_____

☞ HAZ ESTO: anota tus autosugerencias

Ahora que conoces las autosugerencias, es el momento de que crees tus propias afirmaciones para alimentar tu mente y apoyar tu camino hacia el éxito. Escribe en la parte inferior o en tu diario al menos cinco afirmaciones que apoyen tu objetivo:

1. _____

2. _____

3. _____

4. _____

5. _____

Y ahora anota tres formas en que puedes utilizar estas afirmaciones para que se introduzcan en tu mente subconsciente (es decir, memorizarlas, escribirlas en notas adhesivas, etc.).

1. _____
   _____

2. _____
   _____

3. _____
   _____

La ley de dar y recibir

Es posible que hayas oído hablar de la ley de atracción, la ley del karma o la ley de causa y efecto. Estas tres leyes de la vida dicen lo mismo. En pocas palabras, en esencia enseñan que lo que das es lo que recibes. Si propones negatividad, recibirás negatividad. Si propones positividad, recibirás positividad. La

Biblia lo dice de esta manera: lo que se siembra, eso mismo se cosecha.[6] Los maestros espirituales a menudo dirán que cada acción genera energía. Cuando elegimos acciones que crean alegría y positividad, vemos el fruto de nuestras acciones como más alegría y positividad en nuestras vidas. Se puede encontrar una versión de esta ley en la mayoría de tradiciones de sabiduría y en algunos filósofos. No son leyes matemáticas, sino leyes mentales que nos ayudan a crear más de lo que queremos. Cuando tenemos nuestros pensamientos y acciones orientados hacia un objetivo, es más probable que éste se cumpla. Es de sentido común ser consciente de que nuestras acciones provocan reacciones. Por tanto…

> **Sea lo que sea lo que más desees, comienza ofreciéndolo primero.**

Otro nombre para esta ley es la ley de dar y recibir. **Fíjate que no es la ley de recibir y luego dar. Dar es lo primero.** Ya se ha hablado de esto antes en la sección sobre la fórmula para la vida, que es: **la energía sigue a la acción.** Ésta es otra forma de pensar en esa fórmula y de utilizarla en tu viaje.

¿Cómo puedes utilizar la ley de dar y recibir en tu propia vida? A continuación, explico cómo la utilicé en la mía. Cuando escuché por primera vez esta ley, quise probarla, por lo que empecé con amor. Cuando quería más amor, primero

---

6. Gálatas 6,7. *(N. del T.)*

lo daba, y pude ver que fluía más amor hacia mí. En un momento de mi vida, lo que realmente quería era más dinero, pero no me atrevía a pensar en darlo. Después de todo, tenía poquísimo y una deuda enorme. Dar parecía ser lo contrario de lo que tenía que hacer. Pensé que daría cuando tuviera un poco para dar.

Un orador al que escuché una vez en una conferencia lo resumió mejor. Dijo que **la ley de dar y recibir funciona de la manera en que trabajamos. Si utilizamos la ley de manera esporádica, veremos resultados esporádicos. Si empleamos esta ley de manera constante y alegre, entonces veremos resultados consistentes y alegres.** Eso es cierto para cualquier cosa en la vida, ¿no? ¿Recuerdas la analogía del gimnasio? Si vas esporádicamente, verás resultados limitados, pero si acudes al gimnasio con cierta constancia y entusiasmo, verás mejores resultados y también con más rapidez.

Decidí que quería ser una persona generosa. Comencé haciendo una pequeña donación periódica a mi iglesia todas las semanas. Lo cierto es que no era mucho; algunas semanas era de tan sólo uno o dos dólares, aunque en esa etapa de mi vida uno o dos dólares significaban mucho. Poder dar y ser generoso me aportó mucha alegría. En consecuencia, la vida empezó a ser generosa conmigo: un amigo me invitaba a comer, conseguía un pequeño aumento o me encontraba un billete en el bolsillo de mis pantalones. Si bien no pude comprobar que estas cosas sucedieran directamente como consecuencia de mi generosidad, mi intuición me decía que me estaba situando en una generosa corriente de vida. Al dar, comencé a darme cuenta de cuánto estaba recibiendo. Evidentemente, es posible que estas cosas hubieran acaecido de todas formas, pero creo que, **al desarrollar el músculo de dar, también estaba desarro-**

llando el músculo para ser consciente de las muchas maneras en que recibía del mundo.

Cuanto más daba, más recibía. Por último, me comprometí a dar de manera constante, compartiendo una parte de todos los ingresos que obtenía con lugares, personas y organizaciones que me inspiraban. El hecho de dar a los demás se convirtió en una práctica alegre, y aún hoy en día lo sigue siendo. **Siempre doy a una persona o a una organización que me ha inspirado a ser más grande de lo que era anteriormente o que me ha inspirado de alguna manera.** No doy por obligación, ya que no encajaría con el espíritu que pretende la ley. Pienso en ello como una donación de mi recompensa.

☞HAZ ESTO: practica la ley de dar y recibir

Contesta en tu diario a las siguientes preguntas:

¿De qué quieres más? Tu respuesta es lo que necesitas empezar a dar.

¿Cómo quieres dar? ¿Cada semana? ¿Cada mes? ¿Cada vez que te pagan?

¿Qué personas o qué organizaciones te inspiran?

Decide una cantidad razonable para darla a una de las personas u organizaciones de tu lista. Empieza poco a poco, siempre estás a tiempo de aumentarla más adelante.

Da. Empieza hoy mismo. Promulga la Ley de dar y recibir. Hazlo ahora. A menudo me gusta escribir una nota a la persona o a la organización para adjuntarla a un cheque o a dinero en efectivo, aunque también puedes donar en línea. Decide cómo te hace más feliz dar y hazlo.

Dar es una actividad voluntaria que puede aportar mucha alegría. **Todos los millonarios que se han hecho a sí mismos** que conozco tienen el gran hábito de dar, y, ciertamente, parece que reciben mucho a cambio. Revisa los poderosos recordatorios que muestro a continuación y que te van ayudar a tomar medidas positivas y consistentes.

Deja de:
- Encontrar formas de empanarte o de posponer las cosas.
- Retrasar tus acciones hasta «mañana» o «más tarde».
- Esperar a que te sientas motivado o inspirado antes de actuar.
- Llenar tu vida de pensamientos y personas negativas.

Empieza a:
- Hacer que las acciones positivas se conviertan en un hábito.
- Hacer una lista con las acciones del día, y realizar la más difícil primero.
- Utilizar la práctica de la autosugestión para inundar tu vida de positividad.
- Emplear la ley de dar y recibir.

Todos los millonarios
que se han hecho a sí mismos que
conozco tienen el gran hábito
de donar, y, ciertamente,
parece que reciben
mucho a cambio

Muchos de nosotros somos principiantes entusiastas. Es más difícil mantenerse motivado.

Adopta medidas cada día

¿Eres bueno empezando proyectos nuevos?

¿Eres el tipo de persona que se aferra a algo hasta terminarlo?

¿A veces comienzas algo y pierdes el interés poco después?

¿Sueles hablar más de lo que haces que hacerlo?

¿Tienes varios proyectos sin terminar?

¿Empiezas algo nuevo y luego lo dejas cuando se complica o no sabes cómo continuar?

¿Crees que necesitas hacer todo el trabajo porque quieres que esté «bien hecho»?

Si has respondido «sí» a cualquiera de las preguntas anteriores, no estás solo. De hecho, formas parte de la mayoría. Muchos de nosotros somos principiantes entusiastas. Es más difícil mantenerse motivado y conservar el rumbo hasta alcanzar nuestros objetivos.

Cualquier millonario que se ha hecho a sí mismo te dirá que su viaje tuvo vicisitudes, altibajos, idas y venidas… El comienzo del viaje es fresco y nuevo, y puede ser divertido. Tu energía es elevada y te pones inmediatamente en marcha. Pero luego se instala el tedio. O te encuentras con una piedra en el camino. O te distraes con otras cosas. O lo postergas. O… Podría ser un millón de otras cosas.

Con independencia de que tu objetivo sea financiero, empresarial, creativo o de cualquier otro tipo, todo comienza como un sueño. Sin embargo, **un sueño es un sueño hasta que comienzas, y entonces se convierte en una responsabilidad.** Y una vez que es tu responsabilidad, ¡es tu responsabilidad! Ésta es una verdad de la que fui consciente.

Es natural querer que el viaje hacia la riqueza sea fácil e indoloro. Pero, por desgracia, eso no es realista. En cambio, si esperas que tu viaje tenga altibajos, no te sorprenderá y podrás reconducir el rumbo, lo que minimizará las posibilidades de que te des por vencido antes de alcanzar tu objetivo.

Flujos y reflujos

¿Has leído o escuchado algo sobre el estado de «flujo»? Es una idea psicológica que se describe como estar tan inmerso en una actividad que el tiempo parece detenerse. Estás completamente concentrado en lo que estás haciendo. A veces también se habla de estar «en la zona», del todo absorto en lo que estás haciendo.

¿Cuándo has experimentado este estado de flujo? ¿Qué actividades haces que te llevan a ese estado? Algunas personas llegan a este estado con la jardinería, leyendo, paseando por la naturaleza, pintando o meditando. Es diferente para cada persona. Ahora escribe algunas actividades que te conduzcan a un estado de flujo.

Los millonarios que se han hecho a sí mismos a menudo hablan de que entran en un estado de flujo mientras trabajan hacia su objetivo. Después de todo, suelen conseguir su riqueza haciendo algo que les encanta hacer.

Estar en un estado de flujo es maravilloso. Es buena idea elegir hacer estas actividades que te llevan a este estado. Pero **estar en un estado de flujo es sólo la mitad de la historia.** Por mucho que a todos nos encante estar en estado de flujo, sencillamente no es así. **El flujo es la mitad del total. La otra mitad de la ecuación es el reflujo.**

Cuando las personas emplean la palabra «reflujo», suele ser para denotar un estado negativo del ser. Podrían describir su energía como menguante o bien incluso decir: «Las ventas de nuestra empresa han menguado». Se utiliza como lo contrario al flujo, y la gente desearía no haberlo experimentado.

Yo no veo el reflujo así. Lo considero el socio del flujo. **Flujo y reflujo: dos mitades de un todo.** Si existe una asociación positiva adjunta al flujo, podemos añadir también una asociación positiva al reflujo. Después de todo, es un estado en el que todos nos encontraremos de vez en cuando.

En el océano no sólo hay flujo. También hay reflujo. Esto no significa que algo vaya mal. Sólo que en una parte del mundo el océano está descendiendo en ese momento, mientras que, en otra parte, ese mismo océano está ascendiendo. Algunas costas y playas del mundo se encuentran en marea creciente, mientras que otras costas y playas tienen marea baja. Es un ciclo y es natural.

De manera similar, diferentes partes de nuestra vida pueden estar en un estado de flujo, mientras que otras pueden estar en reflujo. Es normal y es natural.

Sin embargo, lo que hagas durante un período de reflujo puede aproximarte a tu objetivo. Durante un estado de reflujo, es posible que pospongas algunas cosas, que evites tus compromisos cotidianos o que te abandones a una lenta inactividad. Pero ahora que sabes que un estado de reflujo es normal, puedes optar por experimentarlo de una manera diferente. Piensa en el flujo como el verano y en el reflujo como el invierno. Puedes ser productivo y eficiente en ambas estaciones, aunque sean muy diferentes (¡al menos donde yo resido!).

El reflujo es un momento para hacer cuatro cosas principales: renovar, revisar, retocar y volver a comprometerse. En pocas palabras, durante el reflujo tenemos menos energía y concentración (es el momento opuesto al flujo), y por eso es un buen momento para:

- Renovar: encuentra nuevas formas de nutrirte y rellena tus niveles de energía.
- Revisar: observa tus planes y acciones para ver si todavía vas por el camino correcto.
- Retocar: haz cambios y ajustes en tus planes y acciones.
- Volver a comprometerse: de manera consciente, dedícate una vez más a centrarte en tu objetivo.

Sé constante

Los millonarios que se hacen a sí mismos desarrollan ciertos hábitos millonarios. Uno de ellos es el de ser constante. Si le preguntas a cualquier millonario que se haya hecho a sí mismo, te dirá que hizo de su objetivo una prioridad y trabajó en él de manera constante, por lo general todos los días.

Si tienes un gran objetivo, pero sólo quieres trabajar en él cuando «te apetezca», o sólo una hora a la semana, es probable que no lo consigas pronto. Si éste es el nivel de compromiso que pretendes darle, tal vez no hayas elegido un objetivo lo bastante grande o jugoso por el que trabajar.

Debes desear tanto lo que quieres que debes estar dispuesto a dedicar cierto tiempo todos los días para conseguirlo. Sí, tómate un respiro para descansar y mantenerte equilibrado. Simplemente, asegúrate de desarrollar el hábito de llevar a cabo acciones que te lleven a conseguir tu objetivo de manera constante.

Cuanto más constante seas, con más rapidez alcanzarás tus objetivos. He conocido a millonarios que se hicieron a sí mismos y trabajaron en su objetivo sin dejar a un lado su trabajo a jornada completa ni otras responsabilidades que tenían. ¿Cómo lo hicieron? Se levantaban una hora antes para dedicar cierto tiempo a su objetivo. O permanecían despiertos una hora más (¡si no eran personas que preferían madrugar!). O seguían trabajando durante la hora de la comida, o entre clases, o cuando los hijos estaban durmiendo o en la escuela, o en algún otro momento que conseguían arañar.

Sé perseverante

La constancia es hermana de la perseverancia. **Ser constante significa hacer algo todos los días, mientras que ser perseverante significa hacer cosas cuando no quieres hacerlas.**

Sí, tendrás días en los que no querrás trabajar para conseguir tu objetivo. Volvamos a la analogía del gimnasio. Cuando empiezas a hacer ejercicio en un gimnasio, es nuevo y excitante, y sueñas con conseguir un cuerpo sano y fuerte. Los primeros días son nuevos, estás en modo aprendizaje. Pero transcurridas unas semanas, la novedad de empezar algo nuevo se va erosionando. ¡Además, estás dolorido, tan dolorido…! Te despiertas una mañana con la intención de ir al gimnasio, pero estás tan calentito en la cama y te sientes tan cansado y está nevando fuera y... Ir al gimnasio requerirá un esfuerzo titánico por tu parte. La tentación de quedarte en casa sólo ese día es fuerte. «Sólo por hoy. Ya volveré mañana», piensas. Tomada la decisión, te vuelves a dormir, bien cómodo y abrigado. A lo largo de ese día, notas que estás muy dolorido, pero no ese subidón de endorfinas que tienes después de ir al gimnasio. Bueno, piensas que ya volverás mañana.

Entonces llega la mañana del día siguiente y piensas: «Bueno, ayer me encantó dormir hasta tarde, tal vez hoy lo vuelva a hacer. De todos modos, vuelve a nevar...». Retomar la decisión de ir al gimnasio se vuelve más difícil cada día que pasa sin que vayas.

Habrá días como éste en tu camino hacia tu objetivo. Habrá momentos en los que querrás tomarte un respiro. ¡Habrá momentos en los que nevará (literal o figuradamente)! **Son los días en los que necesitas redoblar tus esfuerzos y retomar esas acciones que te llevarán a tu objetivo.** Aquellos que terminan levantándose de la cama y yendo al gimnasio a pesar de sus sensaciones y de la nieve dirán que fue lo mejor que hicieron, y luego se alegraron de haber superado la inercia y no desviarse del camino. Su objetivo de salud y forma física está un paso más cerca gracias a su perseverancia.

Estarás un paso más cerca de tu objetivo si desarrollas el hábito millonario de la perseverancia.

La gente de éxito es constante y perseverante

Hace muchos años asistí a un taller de escritores. La conferencia, que duró todo un día, contó con un gran número de autores, editores y otros profesionales de la edición que hablaron con escritores noveles y aspirantes sobre la mejor manera de perfeccionar sus habilidades y su potencial para ser publicados.

Durante una de las conferencias, una editora habló sobre las habilidades especiales que desarrollan los escritores. En un momento, dijo algo sobre Danielle Steel, la famosa escritora romántica que, en el momento en el que escribo este libro, ¡ha escrito más de ciento ochenta libros! Danielle Steel no es el tipo de escritora que se reseñe a menudo en el *The New York Times* y no está considerada una escritora «literaria».

Los escritores románticos no siempre reciben el respeto que merecen. Así pues, cuando esta editora mencionó de pasada a Danielle Steel, hubo una reacción en la audiencia. Algunas personas rieron un poco, otras pusieron los ojos en blanco y otras murmuraron algo a la persona que se encontraba a su lado. La editora que estaba hablando se dio cuenta de ello, e inmediatamente interrumpió su discurso.

—¿Qué pasa? ¿Qué he dicho? –preguntó.

Hubo un silencio antes de que alguien gritara:

—¡Has mencionado a Danielle Steel! ¡No es una escritora de verdad!

Hubo algunas risas de complicidad entre el público.

—¿Y todos vosotros sois escritores de verdad? –quiso saber la editora.

—¡Sí! –empezaron a gritar al unísono algunas personas de la audiencia.

La editora dejó las notas que tenía y miró directamente al público. Entonces dijo unas palabras que nunca olvidaré, ni ahora que han transcurrido más de treinta años:

- ¿Quieres saber la diferencia entre Danielle Steel y tú?
- Hubo algunas caras sonrientes y algunas risas más entre la audiencia. Y entonces prosiguió la editora:
- Danielle Steel escribe todos los días, y tú no.

Tras su sentencia se produjo un silencio sepulcral. Fue como un puñetazo. Allí estaban todos esos «escritores» inéditos que esperaban poder publicar algún día menospreciando a una escritora entregada a su oficio, con independencia de que los demás la aplaudieran o no, y que en ese momento había escrito docenas de libros, la inmensa mayoría de los cuales habían llegado a las listas de los más vendidos. Danielle Steel no tuvo (ni tiene) éxito por casualidad. Hasta hoy, es constante en sus hábitos de escritura. Y si lees una biografía sobre ella, descubrirás que siguió escribiendo novelas incluso en los momentos más difíciles de su vida (cinco matrimonios que acabaron en divorcio, nueve hijos, la muerte de un hijo y otros problemas). A pesar de todo, siguió siendo constante y perseverante. Hoy en día es la cuarta autora de ficción más vendida de todos los tiempos, y se han vendido casi mil millones de ejemplares de sus libros. Y para que conste, es una escritora de verdad.

Inspírate con cada persona de éxito. Deja que su éxito te inspire a ser más entregado, más constante y más perseverante cuando la situación resulte complicada.

¿Qué pasa cuando, a medida que avanzas hacia tu objetivo, las cosas empiezan a ir mal? ¿Qué sucede cuando parece que, a pesar de todos tus esfuerzos constantes y perseverantes, comienza a ocurrir lo contrario de lo que pretendes? Quizás aparezcan gastos imprevistos. O descubras un error contable. O de repente aparezca un obstáculo no planificado. Podrían ser muchas cosas contrarias a lo deseado.

Todas estas cosas pueden hacerte creer que te encuentras en el camino equivocado o que has elegido el objetivo erróneo. También pueden hacerte pensar que estás haciendo algo mal o que el éxito es para los demás y no para ti.

Tengo buenas noticias. Podría tratarse de algo que se llama **quimicalización.**

Me encontré por primera vez con el principio de la quimicalización mientras estudiaba las enseñanzas de Emma Curtis Hopkins, la primera maestra del Nuevo Pensamiento. Hace más de cien años escribió en su libro *Scientific Christian Mental Practice*: «Cuando surge una perturbación física o mental, como el efecto de oponerse a la Verdad, se habla de quimicalización. Siempre se resuelve manteniéndose fiel a la Verdad. Siempre es una señal de que la Verdad está trabajando rápido». Y continuó escribiendo: «Quizás te interese saber que la quimicalización significa que las cosas están saliendo en un mejor estado. Nunca significa otra cosa. Es como el ácido y el álcali en química. Cuando se mezclan, forman una nueva base. No hay nada que temer, no hay dolor en la química. No hay tristeza si no crees en tales cosas».

Permíteme reformularlo en los términos de hoy en día y con nuestro enfoque actual.

Cuando trabajas hacia tu objetivo, si surge algo que parece contrario a lo que deseas, es la quimicalización en acción. Esto puede ser una señal de que vas por el buen camino. La quimicalización significa que las cosas están funcionando. Si miras lo que está pasando a través de la óptica de la quimicalización, entonces puedes relajarte y saber que vas en la buena dirección. En vez de detenerte, deja que la quimicalización te inspire con el conocimiento de que todo está funcionando.

Esto es lo que sugiero cuando estas «perturbaciones» aparecen en tu vida:

No entres en pánico.

Redefínelo como algo que está trabajando a tu favor, aunque no (todavía) puedas ver cómo.

Emprende una acción rápida y positiva hacia tu objetivo.

¡No dejes que nada te detenga! Redefínelo todo como algo que te permite alcanzar tu objetivo incluso más rápidamente. Recuerda: **los millonarios que se hacen a sí mismos desarrollan la habilidad de convertir lo negativo en positivo.**

Importa cómo comienzas el día

¿Te despiertas por la mañana y piensas «Dios mío, otro día... Ojalá pudiera quedarme en la cama»? ¿Y luego miras las noticias de la mañana mientras te preparas el café, lees el periódico, pasas un rato en las redes sociales, te lamentas por todas las malas noticias y entonces te preguntas por qué no te sientes más optimista y positivo?

Es así como comienzan su día millones de personas. Pero es exactamente lo contrario de cómo la mayoría de los millonarios que se hacen a sí mismos empiezan su día.

¿Qué habría sucedido si lo primero que hubieses hecho después de despertarte hubiese sido leer el objetivo que habías escrito y guardado junto a tu cama? Y, a continuación, hubieras tomado un desayuno saludable mientras revisabas las acciones que debías hacer durante el día. Y, después de eso, hubieras decidido qué acción era la más difícil o la que más temías hacer, y luego la hubieras realizado. Si comenzaras el día así, ¿cómo crees que iría el resto de tu día? Lo más probable es que estuvieras descansado, concentrado e inspirado, y después de hacer primero lo más difícil, habrías creado un impulso increíble para el resto del día.

Escribe en el espacio inferior o en tu diario qué es lo primero que haces por la mañana:

_____

_____

_____

_____

_____

_____

_____

Ahora anota cómo te gustaría cambiar tu rutina matutina para que te ayude a enfocarte mejor en tu objetivo:

_____

_____

_____

_____

_____

_____

Mañana por la mañana comienza tu nueva rutina. Si tienes que levantarte un poco antes, recuerda poner la alarma.

Importa cómo terminas el día

También es importante cómo terminas el día. Si bien comenzar el día de manera positiva y enfocado en tu objetivo creará una gran inercia a lo largo del día, la forma en que termines el día también puede ayudarte a conseguir tu objetivo.

Una millonaria que se hizo a sí misma me describió su rutina a la hora de acostarse y me inspiró a cambiar la mía. Ésta es su rutina:

- Empieza a relajarse y desconectar hacia las ocho de la noche.
- Se acuesta hacia las diez de la noche, y piensa en cómo le ha ido el día.
- Anota las cosas que ha hecho bien.
- Anota las cosas que no ha hecho, que ha evitado o que no han salido como quería.
- Piensa en algunas cosas que tiene que hacer a la mañana siguiente.
- Lee el objetivo escrito que tiene anotado junto a la cama.
- Se queda dormida pensando en las afirmaciones positivas que la han ayudado a alcanzar su objetivo.

Eso me impresionó tanto, y parecía tan positivo, que decidí emularla. Sigo más o menos el mismo procedimiento la mayoría de las noches, y ha marcado una gran diferencia en mi vida. Quedarme dormido de una manera tan positiva llena mi subconsciente de concentración y positividad. También ayuda a crear una atmósfera de positividad cuando me despierto.

Describe en el espacio inferior o en tu diario tu rutina a la hora de levantarte.

_____

_____

_____

_____

_____

_____

¿Cómo puedes alterar tu rutina a la hora de acostarte de un modo que te ayude de manera positiva?

_____

_____

_____

_____

_____

Empieza tu nueva rutina esta misma noche.

Lo que haces en el intervalo de tiempo en que te despiertas y te acuestas importa

Por supuesto, el momento más importante de tu vida, desde el punto de vista de conseguir tu objetivo, es durante las actividades que llevas a cabo a lo largo del día. ¿Cómo planeas avanzar hacia tu objetivo en el transcurso del día? He aquí algunas ideas que te permitirán estructurar tu día para conseguirlo:

- Lleva a cabo tu rutina matutina como has escrito antes.
- Recuerda anotar tus acciones y luego empezar por la más difícil primero, lo que generará cierta inercia.
- Sigue realizando las acciones que has escrito en tu lista para ese día.
- Asegúrate de tener cerca algún tentempié y tómate un tiempo para comer.
- De vez en cuando, haz un descanso, realiza un paseo breve alrededor de la manzana o pasea un rato al aire libre.
- Si es posible, no te mantengas conectado todo el día a tu correo electrónico, ya que te distraerá de otras actividades. Haz descansos de unos quince minutos, durante los cuales iniciarás la sesión de tu correo electrónico, responderás los posibles mensajes y volverás a cerrar la sesión.
- Reserva la navegación por Internet y las redes sociales como una recompensa por haber terminado las tareas del día.
- Si tienes una reunión, no te desvíes del tema y sé tan conciso como puedas.
- Anota tus afirmaciones positivas (autosugestiones) en notas adhesivas y pégalas por toda la casa y en tu lugar de trabajo.

¿Qué otras cosas se te ocurren que puedan ayudarte a mantenerte centrado en tu objetivo a lo largo del día?

_____

_____

_____

_____

_____

_____

☞HAZ ESTO: libérate

A veces podemos hacer lo correcto, pero, sin embargo, nos sentimos bloqueados. Es en estos momentos cuando sentimos que nos hemos topado con una pared y que no tenemos la suficiente motivación para seguir adelante, o tenemos la impresión de que no sabemos cómo avanzar (o ambas cosas a la vez). A continuación, muestro una manera segura de romper esta sensación de bloqueo.

- Paso uno: toma tu diario o una hoja de papel y un bolígrafo.
- Paso dos: siéntate en un lugar cómodo, donde nadie te moleste.
- Paso tres: haz una lista con todas las cosas que no has terminado en tu vida (más adelante hallarás algunas ideas).
- Paso cuatro: escribe un n.º 1 al lado de la cosa que menos deseas hacer, un n.º 2 junto a la siguiente cosa que menos deseas hacer, y así sucesivamente…
- Paso cinco: empieza a hacer la cosa en la que anotaste n.º 1.

Hazlo lo más rápido que puedas; no pienses demasiado.

Los puntos que has anotado en el paso tres no tienen que estar relacionados específicamente con tu objetivo. Pueden ser cualquier cosa que no hayas terminado a lo largo de tu vida. Algunas de las cosas que he escrito incluyen lavar la ropa, ordenar el armario, pagar facturas, programar una visita médica (dentista, chequeo anual, etc.), sacar la basura, responder ese correo electrónico que tanta pereza me da, llamar a un familiar, enviar una tarjeta de felicitación, etc.

Cuando estás bloqueado, terminar algo te vuelve a motivar y crea una nueva inercia que te permite volver a tu objetivo con entusiasmo y energía.

¿Cómo se relaciona este ejercicio con tu objetivo? Buena pregunta. He aquí algunas de las maneras en las que te ayuda en tu viaje hacia la riqueza:

- Sentirse bloqueado es a veces una manera de procrastinar y postergar las cosas, y es una forma de autosabotaje.
- Terminar algo es una forma de cuidarse a uno mismo de una manera positiva.
- Realizar una acción positiva en cualquier cosa crea una energía positiva y una inercia que más adelante puedes utilizar de manera consciente.

Es probable incluso que terminar una de las cosas de tu lista te desbloquee y te vuelva a poner en el buen camino.

Agradecimiento diario

Puede que hayas oído hablar de llevar una lista diaria de las cosas por las que estás agradecido. Desde libros destacados en algún programa de televisión hasta los mejores libros de negocios y artículos en revistas de todo tipo, llevar una «lista de gratitud» se ha convertido en una práctica habitual.

Recuerdo que hace unos años impartí un taller de prosperidad, y uno de los participantes levantó la mano. Explicó que se sentía bloqueado y desmotivado en la vida, y se preguntaba si había algo que pudiera hacer que lo ayudara. Le sugerí que mantuviera una lista de gratitud diaria durante la semana siguiente y ya vería cómo eso llevaba positividad a su vida. Me miró con condescendencia y luego dijo:

—Sí, lo sé todo sobre las listas de gratitud. He conservado una de esos años en los que eran tendencia.

Me divirtió que pensara que llevar una lista de gratitud estaba tan pasado de moda. Le pregunté lo siguiente:

—Bueno, si tanto sabes de listas y has guardado una, ¿mantienes una lista ahora?

—No –respondió–. Ya las he sufrido.

¿Cuál fue mi respuesta?

—Y, sin embargo, aquí sigues, bloqueado y desmotivado. Quizá ya sea hora de volver a probar una lista de gratitud…

Se apagó la bombilla de su cabeza y se sintió un poco avergonzado.

La semana siguiente, ese mismo chico vino a clase, levantó la mano nada más empezar y nos dijo que había pensado en lo que yo había dicho la semana anterior. Se había ido a casa y empezó a llevar una lista de gratitud diaria, una a la que realmente le dedicaba tiempo y analizaba con detalle (en lugar de limitarse a escribir cinco cosas tan rápido como podía). Entonces reconoció que había tenido un efecto positivo sobre su estado de ánimo a lo largo de la semana, y que lo primero que escribió en su lista de gratitud de ese día fue… ¡hacer una lista de gratitud!

Como todo, una lista de gratitud será tan poderosa como la hagas. Si cada día dedicas un rato a concentrarte en lo positivo, en lo que funciona bien, en lo que te aporta alegría, este enfoque aportará más significado y felicidad a tu vida.

El sentimiento de gratitud:

- Te magnetiza para que experimentes más.
- Hace que seas más feliz y productivo.

- Da en tu vida un mayor significado a todo y a todos.
- Te permite ver con una nueva óptica incluso aquellas cosas que solías ver como negativas.
- Ayudará a crear más cosas por las que te sentirás agradecido en el futuro.

☞HAZ ESTO: escribe una lista de gratitud

Anota en tu diario algo así como «Estoy agradecido porque…» en la parte superior de una página en blanco.

A continuación, respira para relajarte y concentrarte.

Y, después, empieza a escribir todo aquello te pase por la cabeza por lo que estés agradecido.

No juzgues nada de lo que escribas como demasiado estúpido, pequeño o extraño; limítate a escribir lo que te pase por la mente.

No importa cuántas cosas escribas o si enumeras una o treinta cosas; lo importante es que en realidad sientas una profunda gratitud por lo que has escrito.

Cuando hayas terminado la lista, dedica unos instantes a leerla y, en silencio (o en voz alta), da las gracias a todas aquellas personas y experiencias que hayas anotado.

Repítelo cada día.

¡Hazlo durante una semana y observa qué sucede! La gratitud levantará tu estado de ánimo y hará que te sientas más satisfecho. A su vez, te ayudará a avanzar hacia tu objetivo. No conozco a ningún millonario que se haya hecho a sí mismo que no se tome su tiempo para sentirse agradecido.

☞HAZ ESTO: recompénsate de vez en cuando

Muchos millonarios que se han hecho a sí mismos encuentran formas de mantenerse motivados, lo que incluye recompensarse por sus esfuerzos de vez en cuando o bien cuando alcanzan un objetivo. Éste es el quid de la cuestión: cualquier cosa positiva que te mantenga encaminado a conseguir tu objetivo es algo que debes hacer. Algunas de las recompensas que yo he utilizado (o que ha empleado gente que conozco) como incentivo para alcanzar una meta incluyen:

Un viaje a algún lugar maravilloso (¿Europa? ¿Las Vegas? ¿Un resort tropical? ¿Un safari?)
Una botella de mi vino favorito (o de whisky irlandés ☺)
Una cena en uno de mis restaurantes favoritos
Un concierto
Una pluma estilográfica Montblanc (o de cualquier otra marca)
Un coche nuevo
Un fin de semana en un *spa*
Un fin de semana muy tranquilo en casa (¡para dormir hasta tarde!)
Una fiesta

¿Qué recompensa elegirías una vez conseguido tu objetivo? Anótala en la parte inferior:

_____

_____

_____

¿Qué pasos puedes llevar a cabo para prepararte? Por ejemplo, si eliges unas vacaciones en Roma, tal vez podrías tomarte unos minutos para informarte de en qué hotel o en qué apartamento te alojarías, y guardar esa página para utilizarla más adelante. Imprime fotos del hotel y de los lugares de interés que deseas visitar, y cuélgalas en un lugar donde puedas verlas a menudo. Cuanto más las veas, más motivado te sentirás.

Tu mentalidad creativa

¿Necesitas cierta inspiración? ¿Precisas algunas ideas de acciones que puedes llevar a cabo para aproximarte a tu objetivo? ¿Te preguntas cuáles son los próximos pasos a seguir?

Hallé una excelente manera de explorar las profundidades de mi mente en busca de ideas mientras leía *Piense y hágase rico*, de Napoleon Hill. En el libro, Hill cuenta la historia del «difunto doctor Elmer R. Gates, de Chevy Chase, Maryland». Esto es lo que escribió:

[El doctor Gates] creó más de doscientas patentes útiles, muchas de las cuales fundamentales, mediante el proceso de cultivar y usar la facultad creativa. Su método es significativo y cautivador para el que esté interesado en alcanzar el estatus de genio, categoría a la que el doctor Gates pertenecía indiscutiblemente. El doctor Gates fue un científico muy grande, aunque fue de los menos divulgados del mundo.

En su laboratorio tenía lo que llamaba su «sala de comunicación personal». Estaba prácticamente insonorizada y diseñada de tal modo que se podía eliminar toda la luz. Estaba equipada con una pequeña mesa en la que tenía un bloc de notas. Frente a la mesa, en la pared, tenía un botón eléctrico que controlaba las luces. Cuando el doctor Gates deseaba aprovechar las fuerzas que estaban a su alcance por medio de su imaginación creativa, iba a su sala, se sentaba en la mesa, apagaba las luces y se *concentraba* en los factores *conocidos* del invento en el que estuviera ocupado, y permanecía en esa posición hasta que las ideas respecto a los factores *desconocidos* del invento empezaban a «destellar» en su mente.

En una ocasión, las ideas aparecieron con tanta velocidad que se vio obligado a escribir durante casi tres horas. Cuando los pensamientos dejaron de fluir y examinó sus apuntes, vio que contenían una descripción minuciosa de principios que no tenían parangón en los datos conocidos del mundo científico.

Además, en esas notas se le presentó de manera inteligente la respuesta a su problema. El doctor Gates completó a su manera más de doscientas patentes que mentes mediocres habían empezado pero no habían logrado terminar. La muestra de la veracidad de esta afirmación está en la Oficina de Patentes de Estados Unidos.

El doctor Gates se ganaba la vida «sentado a la espera de ideas» para individuos y empresas. Algunas de las empresas más grandes de Estados Unidos le pagaron sumas considerables de dinero por «sentarse a recibir ideas».

La facultad de razonamiento a menudo es defectuosa porque se basa en gran medida en la propia experiencia acumulada. No todo el conocimiento que uno acumula mediante la «experiencia» es adecuado. Las ideas que se reciben por medio de la facultad creativa son mucho más fiables por el hecho de que proceden de fuentes más confiables que cualquier otra que esté al alcance de la facultad de razonamiento de la mente.

Hay muchas evidencias confiables de que existe la facultad de la imaginación creativa.

¿Qué significa todo esto? A continuación, muestro una pequeña síntesis:

• El doctor Gates se sentaba en una habitación oscura con un bloc de notas y un bolígrafo.

- Pensaba en un problema.
- Permanecía sentado allí hasta que pensaba en una solución, y entonces empezó a escribir todo lo que le había pasado por la mente.
- Ganó mucho dinero accediendo a su imaginación creativa.

Debo haber releído diez veces esta historia antes de pensar para mí «¡Espera un segundo! ¡Yo también puedo hacerlo!».

☞HAZ ESTO: siéntate a buscar ideas

Siéntate con tu diario y un bolígrafo en un lugar cómodo.

Respira unas cuantas veces para tranquilizarte y concentrarte.

Piensa en una variante de la pregunta: «¿Qué debo hacer hoy para conseguir el objetivo?».

Sigue respirando.

A medida que se te ocurran ideas sobre cómo actuar, anótalas (aunque creas que no están relacionadas con el objetivo).

Cuando consideres que has concluido la lista, revísala y empieza a llevar a cabo todos los puntos que has escrito.

Ésta ha sido una de las formas más creativas que he encontrado para decidir qué acciones debo ejecutar para conseguir mi objetivo. También es una maravillosa manera de aprovechar mi sabiduría interior. Algunas personas podrían considerar que la inspiración proviene de algún otro lugar (de Dios, del universo, etc.), pero creo que es una manera de pasar por alto mi mente racional y llegar a mi mente creativa. A veces, nuestra mente racional y consciente se fija en lo que puede ver, pero la parte creativa de nuestro cerebro puede pensar «saliéndose del molde» y proponer ideas diferentes de las que podría llegar a tener nuestra mente racional.

Se trata de una actividad en extremo sencilla que puede ofrecer resultados sorprendentemente enormes. Pruébalo durante unos días y verás que también te puede ayudar.

Deja de:
- Rendirte cuando las cosas se ponen difíciles.
- Creer que no tienes opciones o que no sabes qué hacer.
- Sentirte desagradecido por tu vida y por todo lo que sucede en ella.

Empieza a:
- Terminar las cosas que comienzas.
- Escribir una lista de gratitud diaria.
- Pensar en una recompensa para cuando alcances tu objetivo, y que sea una gran recompensa.
- Sentarte a pensar en ideas, para aprovechar la parte creativa de tu cerebro.

**Conviértete
en un maestro
de la demostración.**

PRINCIPIO SEIS DE LA PROSPERIDAD

Maestría

Si has trabajado todos los principios hasta llegar a este punto y has seguido la mayoría de sugerencias de cada capítulo, vas bien encaminado para hacer realidad el objetivo que has elegido en el principio dos de la prosperidad.

Una vez alcanzado un objetivo, vuelve a repetir el proceso y alcanza el objetivo siguiente. Y hazlo una y otra vez.

Los primeros cinco capítulos han tratado los conceptos básicos del uso de los principios para crear cualquier objetivo que te marques. Sin embargo, en este capítulo lo llevaremos al siguiente nivel. A este principio lo he titulado «Maestría», porque aplica todo lo que has leído hasta ahora, y a eso le añade otras cosas, para que te conviertas en un maestro de la manifestación.

Este capítulo incluye ideas que puedes utilizar en cualquier momento de tu viaje a la riqueza. Te animo a que comiences a emplear alguno de ellos inmediatamente.

Grupo mastermind

Es posible que hayas oído hablar del «grupo mastermind». Es un concepto que fue introducido por Andrew Carnegie y popularizado en los escritos de Napoleon Hill. La idea es que un grupo de personas, cada una de ellas con sus objetivos, se reúnan para apoyarse mutuamente en la consecución de estos objetivos. Esto es muy efectivo, porque los grupos mastermind:

- Te permiten estar cerca de otras personas con un objetivo en mente.
- Te ayudan a minar las profundidades de otras personas inteligentes.
- Dan y reciben ayuda.
- Te ayudan a ser responsable.
- Te ofrecen la oportunidad de ayudar a otras personas del grupo.

☞ **HAZ ESTO: forma un grupo mastermind**

He aquí algunas reglas básicas para formar tu propio grupo mastermind:

- Un grupo debe incluir al menos dos personas, y, por lo general, no más de seis.
- Reúnete con bastante frecuencia, cada semana, y en persona, si es posible.
- Todos los miembros del grupo deben tener el mismo tiempo para discutir su objetivo y su proceso para hacerlo realidad. Asegúrate de que nadie disponga de más tiempo que los demás.
- Permite las ideas constructivas y la resolución creativa de problemas.
- Todo lo que se dice en el grupo es confidencial.
- Mantén las reuniones enfocadas únicamente a los objetivos; no pierdas el tiempo charlando sobre otras cosas.

- Expulsa del grupo a aquellos miembros que no se tomen el proceso en serio.
- Utiliza este grupo para ayudar a los demás; no te limites a buscar ayuda, sino que debes asegurarte de que ayudas a los demás.

NOTA: los miembros de la familia no suelen ser unos excelentes miembros de Master Mind Group, ya que acostumbran a tener ideas sobre ti formuladas en el pasado.

☞ HAZ ESTO: crea el Equipo TÚ

Los grupos mastermind son ideales; personalmente, he estado en muchos a lo largo de los años. Pero hay otro tipo de grupo que también puede resultar útil. Sigue siendo un grupo de personas, pero tiene un enfoque diferente y todo gira en torno a ti. Por eso lo llamo Equipo TÚ.

Cuando inician un viaje para hacer realidad su objetivo, muchas personas sienten que tienen que hacerlo todo por sí mismas. La verdad es que no hace falta que estemos solos en nuestro viaje hacia la consecución de objetivos. De hecho, alcanzarás tu objetivo con más rapidez si te relacionas con otras personas que puedan ayudarte. A esto lo denomino crear el Equipo TÚ. El Equipo TÚ es un grupo de personas que se reúne para apoyarte en tu camino hacia la consecución de tu objetivo. Cada miembro atiende una necesidad diferente que tienes. El Equipo TÚ es tu propio Dream Team.

Así es como se hace:

En una hoja de papel en blanco o en tu diario, escribe «Equipo YO» (o bien utiliza tu nombre; yo llamé al mío «Equipo JOEL»). Haz una lista de todas las cosas con las que necesitas ayuda. Por ejemplo, si estás iniciando un negocio, pero no disfrutas con el marketing y la contabilidad, puedes redactar una lista que comience así:

Contable
Experto en marketing

A continuación, añade a todas las demás personas que pueden ayudarte a poner en marcha tu negocio: inversores, profesionales médicos, artistas, organizadores, adjuntos, becarios, etcétera.

Después, comienza a anotar los nombres de las personas que pueden cumplir con cada función. Supongamos, en el ejemplo anterior, que no conoces a ningún contable. En este caso, realiza una búsqueda por Internet para encontrar un contable, uno que pueda desempeñar el puesto que necesitas y que entre dentro de tu escala de precios. ¿No cuentas (aún) con un presupuesto? Si es así, déjalo en blanco y explica a otras personas que estás buscando ayuda contable. Incluso puedes encontrar un servicio gratuito de contabilidad (realiza una búsqueda en Internet) en aquellos casos en los que se cumplen determinados requisitos. Yo hallé algunos miembros de mi equipo en páginas web como Fivrr.com, Upwork.com, Guru. com o Freelancer.com. En estas páginas hay muchísimos profesionales de todo el mundo que pueden ayudarte proyecto por proyecto a un precio muy bajo. (Asegúrate de explicar qué quieres, busca ofertas y elige con detenimiento a la persona más adecuada).

El Equipo JOEL nunca ha reunido a todos los miembros en persona. De hecho, hay algunas personas del Equipo JOEL a las que todavía no conozco en persona y con las que únicamente me he comunicado por correo electrónico o por vía telefónica. Pero todos los miembros de mi equipo están ahí, dispuestos a ayudarme a conseguir mis objetivos.

Pregunta a cualquier millonario que se haya hecho a sí mismo: no tienes que hacerlo todo solo. De hecho, conseguir tu objetivo con la ayuda de otros no sólo es más efectivo, sino que también es más divertido.

Sé abierto al aprendizaje

Ésta es una de esas verdades universales sobre la que debes reflexionar:

> **No sabes lo que no sabes.**

¿Lo entiendes?

He aprendido que es muy importante tener la capacidad de estar abierto al aprendizaje. Hay muchas personas que son expertas, pero probablemente los expertos que más admiro no se describirían a sí mismos con este término. Es muy probable que se describieran como aprendices de por vida o como estudiantes de por vida. Siempre están aprendiendo, creciendo y adaptándose, con independencia de la edad que tengan. He tratado de emular esto en mi vida.

Cuando creemos que somos expertos, es más difícil tener la mentalidad necesaria para aprender cosas nuevas.

Hace unos años me propuse el objetivo de aprender español. No había intentado aprender un idioma desde que estudié cuatro años de alemán en secundaria (y no recuerdo nada). Mi objetivo era tener cierto conocimiento funcional del español en un año. Pero no tenía ni idea de cómo hacerlo. Compré un libro sobre cómo aprender español y todos los días intentaba aprender un nuevo conjunto de palabras («el tren», «la casa», «la pluma»). Más adelante comencé a aprender verbos en presente. Muy pronto me di cuenta de que necesitaba más información de la que podía conseguir con un único libro. Comencé a ver vídeos en Internet y finalmente acabé contratando a un profesor para que viniera a mi despacho una vez a la semana a la hora de la comida para darme clases particulares.

Fue un gran éxito y terminó provocando varios efectos secundarios inesperados. En primer lugar, me enamoré de la música en español… ¡hay tantos estilos diferentes! Además, comencé a establecer contacto con personas de habla hispana, y estas personas, a su vez, me mostraron la auténtica cocina española gracias a sus orígenes familiares. Y luego llevé a mi familia a viajar por varios países latinos y por España, donde pudimos disfrutar de diferentes culturas.

Pensaba que simplemente estaba aprendiendo un nuevo idioma. Tres años y medio después, todavía tengo clases con un profesor y me encanta cada minuto que paso. ¡Lo que en un principio me planteé como aprender una nueva habilidad, acabó convirtiéndose en una aventura que nos llevó a mí y a toda mi familia por todo el mundo! Nuevos amigos, nueva gastronomía, nuevas experiencias… Incluso he utilizado mis nuevos conocimientos de español en mis negocios. No sabía que esta sencilla decisión (aprender español) iba a cambiar mi vida de un modo tan radical. Pensaba que simplemente no sabía español, pero en realidad desconocía muchas cosas más (¡y sigo aprendiendo!).

Cada objetivo que elegimos puede parecer un único objetivo, pero cuando nos metemos en él, nos transformamos. Eso no sucede a menos que tengas una mentalidad abierta al aprendizaje.

Adapta los principios

Hasta ahora, en este libro has estado explorando los principios básicos de la prosperidad que los millonarios que se han hecho a sí mismos han utilizado para alcanzar sus objetivos. A medida que vayas progresando, descubrirás otras cosas que te ayudarán a alcanzar tus objetivos.

En las clases y los talleres que he impartido a lo largo de los años, he visto a personas conseguir sus objetivos tomando estas ideas y adaptándolas a sus propias vidas. Éstas son algunas de las maneras en que lo han hecho:

- Formaron un grupo mastermind a través de Zoom o de Skype.
- Crearon un gran objetivo que querían conseguir en un año, y luego dividieron ese gran objetivo en doce objetivos más pequeños que conducían hasta el mayor, lo que les permitió tener un objetivo mensual. Entonces dividieron cada uno de los objetivos mensuales en cuatro objetivos más pequeños, que, a su vez, dividieron en objetivos aún más pequeños. En algún momento puede llegar a ser obsesivo, pero si te ayuda a conseguir tus objetivos, diseña las cosas como te parezca.
- Leyeron un libro inspirador cada mes para mantenerse motivados y tener perspectivas nuevas y más profundas. (Con-

sulta en el Apéndice A una lista de libros para leer por tu cuenta o con otras personas en un club de lectura mensual).

- Visionaron vídeos de charlas TED y TEDx[7] en YouTube.
- Contrataron a un *coach* personal que los ayudó a centrarse y les exigió más.
- Se unieron a un club de inversión para aprender formas seguras de invertir y de aumentar sus ingresos.

Éste es *tu* viaje. Haz que sea divertido. Es fácil estar tan concentrado que nos olvidamos de ser creativos y versátiles.

Tu relación con el dinero

Un aspecto importante de ganar dinero implica tu relación con el propio dinero. A menudo bloqueamos nuestra prosperidad con nuestras propias actitudes negativas sobre el dinero. Entre estas actitudes negativas, destacan:

- Nunca seré rico.
- No merezco la riqueza.

---

7. TED (acrónimo de Tecnología, Entretenimiento y Diseño) es una organización sin ánimo de lucro fundada en 1984 por los estadounidenses Richard Saul Wurman y Harry Marks que se dedica a divulgar «ideas dignas de ser divulgadas». Cada año celebra un congreso anual (TED Conference) y numerosas charlas (TED Talks) que tratan diversos temas: ciencias, arte y diseño, política, educación, cultura, negocios, asuntos globales, tecnología, desarrollo y entretenimiento. Ha contado con conferenciantes de renombre y se pueden encontrar más de mil charlas gratuitas traducidas a numerosos idiomas colgadas en YouTube y iTunes. Por su parte, los TEDx son congresos sin ánimo de lucro organizados bajo la licencia de TED. *(N. del T.)*

- Me temo que me olvidarán.
- Querer dinero es malo.
- El dinero es sucio.
- No conozco a nadie famoso que pueda ayudarme.
- Mis padres eran horribles con el dinero.
- El sistema está amañado.
- Siempre he tenido que luchar, y creo que éste es mi destino en la vida.
- Siempre sucede algo que requiere todo el dinero que he ahorrado hasta el momento.
- La gente siempre se aprovecha de mí.
- Nunca me pagarán lo suficiente por mi trabajo.
- Algún día lo haré mejor, pero por ahora me limitaré a salir del paso.
- Soy el desastre de la familia.

☞ HAZ ESTO: haz del dinero tu amigo

¿Qué piensas del dinero? Utiliza los siguientes apuntes para llevar un diario de tus pensamientos sobre el dinero, y hazlo tal y como te pase por la mente, sin pensártelo demasiado:

- Creo que el dinero es…
- La relación de mis padres con el dinero era…
- Crecí pensando que el dinero era…
- Mi primer recuerdo del dinero es…
- ¿Cómo recibía el dinero cuando era pequeño? ¿Qué hacía con él?
- Cuando pago mis facturas, me siento…
- En una escala de 1 (menos) a 10 (más), mi organización con el dinero y las finanzas es…

- Lo que me asusta del dinero es…
- ¿Cuánto dinero necesitaría para sentirme totalmente cómodo y seguro?

Revisa tus respuestas. ¿Cómo te sientes con lo que acabas de escribir?

He aquí la verdad sobre el dinero: no es ni positivo ni negativo. El dinero simplemente «es». Es una forma de intercambio. Pero tenemos muchos pensamientos y emociones en torno al dinero que pueden interponerse en nuestro camino. **A medida que prosigues tu viaje hacia la maestría financiera, es importante que mejores tu punto de vista sobre el dinero.**

Utiliza el principio de la autosugestión (del principio cuatro de la prosperidad) para crear nuevas ideas sobre el dinero y luego repítelas una y otra vez. Al hacer esto, estás plantando nuevas semillas o creencias que darán lugar a una relación del todo nueva con el dinero.

Al cambiar tus creencias de negativas a positivas, tendrás una experiencia más positiva y conseguirás riqueza con más rapidez.

NEGATIVA	POSITIVA
El dinero es difícil de conseguir	Soy un imán para el dinero
El dinero es mi enemigo	El dinero es mi amigo
El dinero es el demonio.	El dinero es el demonio
El dinero no es bueno ni malo	Soy digno de la riqueza

Utiliza a menudo una lista de palabras y frases sobre el dinero para que tus pensamientos al respecto sean positivos:

- Dinero en efectivo
- Riqueza
- Lujo
- Fortuna
- Prosperidad
- Abundancia
- Acaudalado
- Adinerado
- Pudiente
- Económicamente independiente
- De sobra
- Confortable
- Lujoso
- Ascenso
- Promoción

¿Qué otras palabras puedes añadir a la lista?

Devuelve

En el principio cuatro de la prosperidad se ha comentado la ley de dar y recibir. Ahora vamos a llevar esta idea unos pasos más allá. Ésta no es una ley vital, pero aporta muchísima alegría y significado a tu vida. Es devolver.

A medida que vamos avanzando en nuestro viaje hacia nuestro objetivo, es bueno que dediquemos un tiempo a trasladar nuestro enfoque fuera de nuestra propia vida, y la mejor manera de hacerlo es dando a otros que pueden servirse de nuestra ayuda.

Existen muchas maneras de dar a los demás. Podemos dar:

1. Nuestro tiempo
2. Nuestro dinero
3. Nuestro talento

No hay nada que te haga sentir tan rico y afortunado como dar a los menos afortunados. Por poco que puedas creer que tienes, aún puedes encontrar personas que puedan utilizar tu tiempo, tu dinero o tu talento.

Cuando me encontraba en el momento económicamente más bajo y tenía una enorme deuda, me sentí triste, deprimido y abrumado por mi situación. Mis propias circunstancias me consumían y pasaba gran parte del día obsesionado con ellas.

Cuando inicié mi viaje hacia la riqueza empleando los principios de este libro, se me presentó la oportunidad de ser voluntario de una fundación que se dedicaba a ayudar a personas con pocos recursos económicos y que, además, sufrían alguna enfermedad crónica. La persona que me asignaron para que la ayudara tenía su propio piso, pero no mucho más. Estaba muy enferma, no podía caminar por su cuenta y necesitaba una silla de ruedas para desplazarse. Tenía un asistente social a diario que acudía a atender sus necesidades médicas, pero aparte también tenía otras necesidades. Por aquel entonces yo era joven y no sabía muy bien cómo ayudarlo, pero me había comprometido a hacerlo una tarde a la semana, todas las semanas. Cuando aparecía por su casa, ya tenía una lista de cosas que necesitaba que hiciera: arreglar alguna cosa, cambiar una bombilla, preparar comidas, limpiar su habitación o el baño, hacer la colada, etc. Finalmente, entre las tareas encomendadas se incluía llevarlo de compras (lo cual suponía todo un desafío, puesto que tenía un coche pequeño y tenía que llevarlo a él y a su silla de ruedas). Me indicaba qué ruta tenía que tomar para ir a cada tienda a la que quería que lo llevara.

A lo largo de las semanas y de los meses aprendí mucho sobre este hombre, y descubrí que alguna vez tuvo un trabajo destacado y había conseguido muchas cosas en su juventud. Él no era su enfermedad; la enfermedad era algo que tenía. Cuando murió, se me partió el corazón. Lo que comenzó como un trabajo como voluntario que sentía que «debía» hacer, se acabó convirtiendo en una amistad, y supe que era un privilegio haberlo conocido. Si bien sé que le ayudé, fue inestimable lo que me enseñó sobre la vida, la muerte y el hecho de dar.

¿Qué tiene esto que ver con tu viaje para convertirte en millonario? Nada y todo. Lo que quiero que sepas es que

> **Dando a los demás, te haces más rico de maneras muy profundas.**

Te animo a que encuentres una organización en la que puedas colaborar como voluntario. Tal vez sea con personas que sufren alguna enfermedad, como hice yo. O quizá puedas colaborar como voluntario para dedicar tu tiempo como mentor de muchachos desfavorecidos que necesitan ayuda para aprender a superar una entrevista para un puesto de trabajo. O puede que en un albergue para mujeres. O en la perrera municipal. O acogiendo a niños necesitados. O entregando alimentos a ancianos. O… Hay innumerables maneras de ofrecer voluntariamente tu tiempo, tu dinero y tu talento.

☞ **HAZ ESTO: da**

Piensa en dar. ¿Cómo puedes dar? ¿Qué es lo primero que te viene a la mente? Anótalo a continuación:

_____

_____

Considera investigar en Internet para encontrar un sitio donde la gente pueda estar encantada de recibir lo que puedes dar. Si yo fuera un hombre de apuestas, apostaría a que te sentirás como si hubieras ganado… millones.

Prosperidad y perdón

Si lo deseas saber, el verdadero secreto para crear prosperidad en tu vida no es un consejo bursátil ni un boleto de lotería. Es el perdón.

No creo que exista ningún estudio científico que muestre la correlación exacta entre hacer el trabajo del perdón y la riqueza, pero en mi caso tengo muchas evidencias anecdóticas. Me encontré con esta teoría por primera vez hace más de treinta años en un seminario sobre la creación de una mayor conciencia de la riqueza. El orador –ni siquiera puedo recordar quién era, aunque recuerdo bien su mensaje– dijo que **tendemos a concentrarnos mejor y a tener una mayor capacidad mental interna cuando ordenamos las cosas que ponen patas arriba nuestra conciencia.**

Eso tenía sentido para mí: es fácil que me distraiga con cosas que no necesariamente me ayudan o me aportan más positividad. Es como un ordenador que se ralentiza por culpa de demasiados programas que se están ejecutando en segundo plano. Si quieres que el ordenador funcione más rápido, cierra todos estos programas o, mejor aún, elimina definitivamente los programas que no necesitas.

Esto es lo que hace el perdón: elimina los programas no deseados que se están ejecutando en tu mente y que ralentizan las cosas. También hace algo más: hace que la vida sea más feliz y mejor. Después de todo, ¿de qué sirven las riquezas y alcanzar objetivos si no eres feliz?

En caso de que no tengas muy claro a lo que me refiero cuando hablo de perdón, he compilado a continuación algunas descripciones:

EL PERDÓN NO ES	EL PERDÓN ES
Tolerar el mal comportamiento	Hacer las paces en situaciones complicadas
Perdonar no es liberar	Perdonar es liberarte
Un acontecimiento puntual	Un proceso
Liberar a otras personas	Liberarte a ti mismo
Siempre fácil	Valioso
Esconder algo debajo de la alfombra	Sentir tus sentimientos y honrarlos

Dependiente de la otra persona	Para ti mismo, independientemente de la otra persona
Fácil de conseguir	Una manera de soltar lo que te pesa
Poner la otra mejilla	Crear límites
Rehacer el pasado	Soltar para poder seguir avanzando
Debilidad	Reconocer tus fortalezas

He empezado el libro hablando del trabajo interior necesario para desarrollar una actitud y una capacidad para crear más riqueza en tu vida. El perdón es como la versión del curso de excelencia académica del trabajo interior. Si no estás convencido, pasa a la siguiente sección. Pero si estás intrigado y deseas experimentar los beneficios del perdón, a continuación te muestro un método simple.

☞HAZ ESTO: perdona a alguien
Hay muchas formas diferentes de perdonar a los demás y vivir una vida más libre. Aquí muestro una forma que te puede ayudar, una guía para perdonar para principiantes. Si en tu caso esto te hace iniciar un viaje, te animo a que lo explores con más profundidad. Este ejercicio puede ayudarte a perdonar a los demás fácil y rápidamente, o puede iniciar el proceso de perdonar a ciertas personas, lo que podría requerir tiempo y paciencia. Ten en cuenta que está destinado a convertirse en un ejercicio básico de perdón. Si en algún momento te resulta demasiado abrumador, es señal de que po-

dría estar pasando algo más profundo, y es importante que te lo tomes en serio. Si es el caso, interrumpe este ejercicio y busca a un consejero o a un profesional cualificado para que te apoye en tu proceso.

Cierra los ojos y respira profundamente varias veces.

Piensa en una persona que te haya hecho daño e imagínatela en tu mente.

Mentalmente, dile cómo te ha hecho daño y cómo te ha hecho sentir esto.

Sé concienzudo, sé honesto.

Pregúntate «¿Es posible que pueda perdonar a esta persona?».

Entonces pregúntate «¿Perdonaré alguna vez a esta persona?».

Entonces pregúntate «¿Cuándo perdonaré a esta persona?».

Entonces pregúntate «¿Cómo afecta a mi vida no perdonar a esta persona?».

Entonces pregúntate «¿Estoy preparado para empezar a perdonar a esta persona?».

Si la respuesta es no, respira profundamente y da las gracias por haber iniciado el proceso. Repítelo más adelante.

Si la respuesta es sí, respira profundamente y dile a la persona que la perdonas. Puedes utilizar las palabras que quieras.

Ahora respira profundamente, libera esta experiencia y abre los ojos.

Anota en tu diario cualquier pensamiento que desees recordar.

Repite este ejercicio tantas veces como quieras. Recuerda: el perdón es un proceso, y quizá lo tengas que intentar varias veces antes de poder perdonar a ciertas personas o experiencias. Respeta tus sentimientos.

El perdón está destinado a soltar lastre de tu mochila emocional para que puedas viajar por la vida con menos peso. Hay muchas formas diferentes de perdonar; te animo a que investigues sobre otras formas si el método anterior no ha funcionado.

Deja de:
- Pensar que estás limitado en tus oportunidades y tu potencial.
- Creer que tienes que hacer tu viaje solo o que te encuentras solo.
- Creer que eres pequeño y débil.
- Aferrarte al resentimiento o a la ira.

Empieza a:
- Rodearte de personas con ideas afines que te apoyen.
- Sorprenderte de lo lejos que puedes llegar y de lo mucho que puedes hacer.
- Perdonar a los demás y a soltar cualquier negatividad.
- Vivir tu vida como la persona próspera que eres.

Más allá de millones

Gracias por leer este libro. Mi esperanza es que los principios de la prosperidad te hayan ayudado a iniciar tu viaje hacia la consecución de tus objetivos financieros... y de cualquier otro objetivo que puedas tener a lo largo de tu vida.

He aquí algo que aprendí sobre la marcha y que me sorprendió. Mi primer gran objetivo era estar libre de deudas, y lo conseguí en tres años y medio (en comparación con los veintiocho años que me dijeron que tardaría). Entonces me propuse el objetivo de ahorrar cierta cantidad de dinero en mi cuenta de ahorros, y lo conseguí mucho más rápido de lo que me había imaginado. Entonces me marqué otro objetivo monetario, y lo alcancé. Y entonces, otro objetivo monetario, y también lo alcancé. Y luego otro, y otro, y luego... bueno, la verdad es que no me quedaba satisfecho con objetivos que sólo eran de carácter financiero.

Si cuando tenía una deuda de casi sesenta mil dólares me hubieran dicho que acabaría teniendo suficiente dinero y que me iría tan bien que alcanzaría todos los objetivos económicos que me planteara, no estoy seguro de que me lo hubiera creído. Recuerda que me gusta dar un significado a los objetivos, lo que les proporciona una «carga» adicional.

Por favor, comprende que estaba (y estoy) agradecido por todos los objetivos monetarios que alcancé. Pero después de un tiempo, necesitaba encontrar nuevos objetivos, unos que cumplieran con otros deseos u otras necesidades en mi vida. Así pues, mis objetivos fueron evolucionando a medida que yo también lo hacía. Fue entonces cuando descubrí que los principios de este libro funcionan para cualquier cosa que desees.

Déjame que te repita algo que he escrito al principio de este libro.

Para mí, salir de la escasez económica y alcanzar la abundancia financiera fue primordial. Mi situación era tan complicada que casi todo lo demás pasaba a un segundo plano. Lo pensaba todos los días, porque todos los días tenía que buscar formas de pagar las cuentas o preocuparme por cómo iba a pagar el alquiler y comprar la comida. Entonces, cuando descubrí estos principios de la prosperidad (en todas sus diferentes formas), sentí que el universo me había arrojado un salvavidas.

Recurrí a los principios de la prosperidad y mi situación pasó de muy complicada a peligrosa, luego a incómoda pero aceptable, después a tener sólo un poco más que nada, a continuación a tener un poco de dinero extra, más tarde a tener bastante dinero extra, y, finalmente, a tener para vivir con total comodidad. Cuando comencé este viaje, me encontraba en una emergencia financiera, por lo que mis objetivos eran todos económicos. Sin embargo, cuando conseguí que mis finanzas aumentaran y empecé a sentirme bien, quise utilizar los principios de la prosperidad de otras maneras, para otras cosas. Y no sólo para «cosas», sino también para experiencias y cualidades: viajes, aventuras, proyectos creativos, amor, salud, paz, alegría, etc.

Mi mayor esperanza es que emplees los principios de la prosperidad para cualquier cosa que desees en la vida. Si tienes necesidades financieras, úsalos para alcanzar tus objetivos financieros. Pero utiliza también los principios de la prosperidad para cualquier otra cosa que desees. Son principios vitales, una fórmula creativa para emplearla como desees. Todos somos el cien por cien responsables de nuestra propia vida, y por eso importa lo que haces y cómo vives. Eres importante. La acción positiva genera resultados positivos. ¡Que tu futuro sea próspero!

APÉNDICE A

Universidad del Éxito

En la parte inferior muestro una selección de algunos de los mejores libros sobre prosperidad escritos hasta el momento. Te animo a que los leas cada día para que sigan inspirándote y ensanchando tus pensamientos y tus acciones.

También puedes crear un club de lectura sobre la prosperidad, con los miembros de tu grupo mastermind, con tu compañero de éxitos o con cualquier grupo reducido de personas que se dediquen a desarrollar su conciencia de prosperidad. Estos libros son perfectos para estudiarlos y comentarlos.

ALLEN, J.: *As a Man Thinketh.* St. Martin's Essentials. (Trad. cast.: *Como un hombre piensa, así es su vida.* Ediciones Obelisco: Barcelona, 2013).

ANDERSEN, U. S.: *Three Little Words.* Wilshire. (Trad. cast.: *Tres palabras mágicas: la llave del poder, la paz y la plenitud.* Ediciones Obelisco: Barcelona, 2002).

BENNETT, H.: *How to Live on 24 Hours a Day.* St. Martin's Essentials.

BUTTERWORTH, E.: *Spiritual Economics.* Unity Books.

CARNEGIE, D.: *How to Win Friends and Influence People.* Simon & Schuster. (Trad. cast.: *Cómo ganar amigos e influir sobre las personas.* Ediciones Obelisco: Barcelona, 2011).

Conwell, R. H.: *Acres of Diamonds* (hay varias ediciones disponibles). (Trad. cast.: *Acres de diamantes*. Ediciones Obelisco: Barcelona, 2020).

Gentry, C., (ed.). *The Encyclopedia of Wealth: The Most Powerful Writings on Creating Riches from the World's Greatest Prosperity Teachers.* Hampton Roads Publishing Company. Este increíble volumen incluye doce libros clásicos, algunos de los cuales aparecen en el listado.

Hill, N.: *Think and Grow Rich.* St. Martin's Essentials. (Trad. cast.: *Piense y hágase rico.* Ediciones Obelisco: Barcelona, 2017).

—: *Success Habits.* St. Martin's Essentials.

Hubbard, E.: *A Message to Garcia* (hay varias ediciones disponibles). (Trad. cast.: *Un mensaje a García.* Ramiro Arnedo: Calahorra, 1974).

Jarrett, R. H.: *It Works.* DeVorss. (Trad. cast.: *¡Funciona!* Mestas Ediciones: Madrid, 2016).

Larson, C.: *The Ideal Made Real* (hay varias ediciones disponibles).

Laut, P.: *Money Is My Friend.* Ballantine. (Trad. cast.: *El dinero es mi amigo: alcanza la libertad económica eliminando los temores financieros:* Ediciones Obelisco, Barcelona, 1994).

Maltz, M.: *Psycho-cybernetics.* TarcherPerigee. (Trad. cast.: *Psicocibernética: el secreto para mejorar y transformar su vida.* Open Project: Sevilla, 2000).

Mandino, O.: *The Greatest Miracle in the World.* Bantam. (Trad. cast.: *El milagro más grande del mundo.* Penguin Random House: Barcelona, 2006).

Murphy, J.: *The Power of Your Subconscious Mind.* St. Martin's Essentials. (Trad. cast.: *El poder de tu mente subconsciente.* Arkano Books: Madrid, 2014).

NORVELL, A.: *The Million Dollar Secret Hidden In Your Mind.* TarcherPerigee.

PRICE, J. R.: *The Abundance Book.* Hay House.

PRITCHETT, P.: *You2 (You Squared).* Pritchett & Associates.

SCHWARTZ, D. J.: *The Magic of Thinking Big.* Touchstone. (Trad. cast.: *La magia de pensar en grande.* Iberonet: Madrid, 1993).

SHINN, F. S.: *The Complete Game of Life.* Hampton Roads. (Trad. cast.: *El juego de la vida.* Ediciones Obelisco: Barcelona, 2017).

SILVA, J.: *Silva Mind Control.* Simon & Schuster.

WATTLES, W.: *The Science of Getting Rich.* St. Martin's Essentials. (Trad. cast.: *La ciencia de hacerse rico.* Ediciones Obelisco: Barcelona, 2009).

WILMANS, H.: *The Conquest of Poverty* (hay varias ediciones disponibles).

APÉNDICE B

Citas sobre el éxito

Deja que te inspiren estas veinte citas sobre la prosperidad. Si hay alguna que te guste especialmente, anótala en una nota adhesiva y ponla en un lugar donde puedas leerla a menudo. No te quedes sólo con estas citas; busca más citas inspiradoras y tenlas a mano para leerlas cuando más lo necesites.

«Yo conozco el precio del éxito: dedicación, trabajo duro y una devoción constante hacia las cosas que quieres que ocurran».
—*Frank Lloyd Wright*

«He aprendido que el éxito se mide no tanto por la posición que has alcanzado en la vida, sino por los obstáculos que has superado al tratar de tener éxito».
—*Booker T. Washington*

«Cuando persigo el dinero, nunca tengo suficiente. Cuando mi vida está concentrada en un propósito y dar lo mejor de mí, me vuelvo próspero».
—*Wayne Dyer*

«La acción es la clave fundamental de todo éxito».
—*Pablo Ruiz Picasso*

«La manera más común en que las personas
entregan su poder es pensando que no lo tienen».
—*Alice Walker*

«La prosperidad es una forma de vivir y de pensar,
y no sólo en dinero o cosas.
La pobreza es una forma de vivir y de pensar».
—*Eric Butterworth*

«¿Qué es el dinero? El hombre tiene éxito si se
levanta por la mañana y se acuesta por la noche,
y durante el día hace lo que quiere hacer».
—*Bob Dylan*

«Sin un crecimiento y progreso continuos, palabras
como mejoría, logro y éxito no tienen sentido».
—*Benjamin Franklin*

«Atribuyo mi éxito a esto: nunca di ni acepté
ninguna excusa».
—*Florence Nightingale*

«El éxito no se trata del resultado final,
se trata de lo que aprendes en el camino».
—*Vera Wang*

«Planifiqué mi éxito. Sabía que iba a pasar».
—*Erykah Badu*

«Vive como si fueras a morir mañana. Aprende
como si fueras a vivir para siempre».
—*Mahatma Gandhi*

«La diferencia entre una persona exitosa y otra que
no lo es no es la falta de fuerza o de conocimiento,
sino una falta de voluntad».
—*Vince T. Lombardi*

«Son nuestras elecciones las que muestran
lo que verdaderamente somos,
mucho más que nuestras habilidades».
—*J. K. Rowling*

«Todo gran sueño comienza con un gran soñador.
Recuerda siempre: tienes en tu interior la fuerza,
la paciencia y la pasión para alcanzar las estrellas
y cambiar el mundo».
—*Harriet Tubman*

«Escoge una idea. Haz de esa idea tu vida: piensa
en ella, sueña con ella, vive en esa idea. Deja que
tu cerebro, tus músculos, tus nervios y cada parte
de tu cuerpo se llenen de esa idea, y abandona
cualquier otra idea. Éste es el camino del éxito».
—*Swami Vivekananda*

«Desarrolla el éxito desde los fracasos. El desaliento
y el fracaso son dos piedras seguras hacia el éxito».
—*Dale Carnegie*

«Si no diseñas tu propio plan de vida, es probable que caigas en el plan de otra persona. ¿Y adivinas qué han planeado para ti? No mucho».
—*Jim Rohn*

«Si quieres hacer un cambio permanente, deja de centrarte en el tamaño de tus problemas y céntrate en tu tamaño».
—*T. Harv Eker*

«No te conviertes en lo que quieres, te conviertes en lo que crees».
—*Oprah Winfrey*

APÉNDICE C

Listado de ejercicios

A continuación, muestro un listado de todos los ejercicios incluidos en el libro para que los encuentres rápidamente. Es muy probable que quieras practicar algunos una y otra vez. Pueden ayudarte a reevaluar tus objetivos, valorar tu progreso y darte un impulso mientras recorres el camino hacia la prosperidad.

Acerca del autor

Joel Fotinos es vicepresidente y director editorial de St. Martin's Press, y autor de varios libros, incluido *Piense y hágase rico.* Fotinos ha aparecido en muchos periódicos y revistas, y recibió el primer premio al Héroe Espiritual del Año de la revista *Science of Mind.* Representante autorizado de los Centers for Spiritual Living, Fotinos viaja por todo Estados Unidos pronunciando conferencias e impartiendo talleres sobre espiritualidad e inspiración. Actualmente reside en Nueva Jersey.

Índice